부동산 투자의 시작,
무결점 법인 만들기

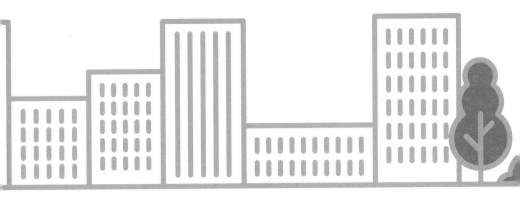

절세에서 상속까지

부동산 투자의 시작,
무결점 법인
만들기

한동화 지음

한국경제신문*i*

우리는 자신의 의도와는 상관없이 매일 투자를 하면서 살고 있습니다. 선택의 본질은 투자의 급부와 반대급부를 구분 짓는 경계라고 해도 크게 틀린 말이 아닙니다. 이러한 투자들이 모여서 오늘의 제가 있다는 생각이 문득 들었습니다.

무더위가 기승을 부리던 어느 여름날, 서울의 한 식당에서 죽마고우를 만났습니다. 정리해고 당했다는 소식을 양념 삼아 부동산 투자에 입문했다는 소식을 전해왔습니다. 본격적으로 부동산 투자를 해보고 싶어서 저에게 조언을 구하려던 것이었습니다. 실직자에게 얻어먹는 밥은 불편하지만, 그 대상이 친구라면 다릅니다. 맛있었습니다. 친구와의 추억이 더 맛있었는지도 모르겠습니다. 저는 어릴 적 습관대로 비속어를 섞어가며 면박만 주었습니다. 부동산 투자라는 것이 절대 쉬운 일이 아니기 때문입니다.

부동산을 알려주는 분들은 너무 쉽게 말합니다. 진짜 쉬운 것이 아니라 그분들이 겸손한 겁니다. 경력이 수십 년 되다보니 어렵지 않게 그 자리에 올라간 듯 말합니다. 절대 그렇지 않습니다. 오랜 시간 투자를 했고, 그 선택에 대한 급부를 받은 것입니다. 성공하면 원래 지나온 시간이 그리 길지 않게 느껴집니다. 제 친구는 부동산을 선택하지 않은 반대급부로 부동산을 잘 모릅니다.

그렇다고 뒤늦은 부동산 투자를 말리고 싶지는 않습니다. 부동산은 삶의 다양한 영역과 관련이 있기 때문입니다. 20~30대 청년의 가난은 부동산에 대한 무지에서 온다고 해도 과언이 아닐 듯합니다. 부동산 때문에 불필요하게 지출되는 자금들이 상당히 많기 때문입니다. 젊을 때 그 돈만 절약해도 상당한 자산을 형성할 수 있을 것입니다.

모든 투자는 법에 기인합니다. 그렇기 때문에 그 기준이 엄격합니다. 특히 세법은 셈이 더해지기 때문에 더 많은 지식을 요구합니다.

부동산 자체만을 보면 어떤가요? 부동산은 종합적인 학문입니다. 사람과 관련된 모든 분야와 밀접한 관련이 있다고 해도 과언은 아닙니다. 지금 가부좌를 틀고 공중에 떠 계신 분이 없다면 말입니다. 부동산 투자는 높은 산을 오르는 것과 같습니다. 최근에는 부동산 법인설립이 대세인데, 부동산 법인을 설립하고자 한다면 더 높은 산이라는 난관에 봉착한 것입니다. 꼭 법인이 필요한지 자문도 해보지만 대답은 정해져 있습니다. 부동산 투자의 끝을 개인으로 한정 짓는다 해도, 사람들이 왜 부동산 법인을 만들려고 하는지 알아야 합니다.

처음부터 법인을 이해하는 것은 쉬운 일이 아닙니다. 그 친구에게도 같은 이야기를 수십 번 했지만, 같은 이야기를 수십 번 하고 있다는 것조차도 모릅니다.

일반적으로 절세를 위해 법인을 많이 언급합니다. 하지만 출구전략이 없는 법인은 아니함만 못합니다. 여행이라는 것이 '잘 다녀오는 것'인데, 좋게 출발했지만 돌아오지 못하는 여행이라면 의미가 없습니다. 수영도 못하는 친구가 덥다는 이유만으로 무조건 바다로 뛰어드는 건 미련한 일입니다. 바다로 뛰어들면 더위는 해결되겠지만 바다에 빠져 죽을 수도 있습니다. 더위는 이길 수 있지만 죽음은 이길 수 없습니다. 바다에 뛰어들려면 준비가 필요합니다. 수영도 배워야 하고 준비운동도 해야 합니다. 급히 바다에 들어가야 한다면 구명조끼라도 입어야 합니다. 그렇게 하나하나 준비하다보면 부동산 법인은 일생일대의 친구가 될지도 모릅니다. 이제 그 준비를 시작해보겠습니다.

한동화

차례

PART
01

부동산 투자와 법인

PART
02

무결점 법인 만들기

PART
03

효율적인 법인운용

PART
04

법인의 출구전략

PART

05

법인과 부동산

부동산
투자와 법인

부동산 투자의 시작!
반드시 사업자신고를 해야 하나요?

    부자가 된다는 것은 내 자산을 빨리 실물자산에 옮기는 게임이라고 생각하면 쉽습니다. 부동산은 가장 규모가 큰 실물 투자 중 하나입니다. 그렇기 때문에 부동산 투자는 시장 진입 자체도 힘듭니다. 설령 진입한다 하더라도 개인적인 투자에 머물다가 도태되기 마련입니다. 부동산 투자자는 단순한 컬렉터의 수준이 아닙니다. 운동화나 모자를 모으는 정도라면 취미라고 생각할 수 있지만, 집을 몇 채 갖고 있다면 자산가로 분류됩니다. 대출이 절반 이상이라도 말입니다. 평생 집 한 채 갖는 것이 목표인 사람도 있습니다. 하지만 그 의도와는 상관없이 과세당국의 시각은 나를 사업자의 길로 안내합니다.

안전제일! 수영 못하는 사람은
물에 빠져 죽지 않는다

여름이 되면 물놀이를 많이 합니다. 수영을 잘한다면 굳이 구명조끼를 입지 않아도 됩니다. 하지만 구조 활동을 하는 구조대원이라면 아무리 수영을 잘해도 구명조끼는 필요하지 않을까요? 더욱이 구명보트까지 갖춰진다면 안전한 물놀이가 될 것입니다.

수영 실력만 믿고 구명조끼가 필요 없다고 생각한다면 개인투자자입니다. 개인적인 리스크에 국한될 뿐, 체계적인 리스크를 감당하지 않아도 됩니다(개인투자자). 본격적으로 투자한다면 사업자라는 구명조끼 정도는 필요합니다(개인사업자). 전문적으로 부동산 사업을 시작하기 위해서는 법인이라는 구명보트가 있으면 더욱 유리합니다(법인사업자).

사업자신고가 필수는 아닙니다. 부동산 거래는 개인으로도 얼마든지 가능합니다. 살기 위해 벽과 지붕을 만든 것이 부동산이기 때문에 부동산은 본디 소비재입니다. 중고장터에 물건을 팔았다고 해서 사업자등록을 하지 않는 것처럼 부동산 한두 채 거래한다고 사업자는 아닙니다. 다만 절대조건은 아니지만, 개인이라고 하더라도 부가가치세법상 과세기간 내에 평균적으로 1회 이상 부동산을 취득하고, 2회 이상 판매하는 경우 사업자로 간주하게 됩니다. 이를 '간주사업자'라고 합니다. 사장님 소리를 한 번도 들은 적이 없는데 사업을 하고 있다고 간주해버리는 것입니다. 개인투자자로 남고 싶어서 아무리 발버둥 쳐도 과세당국에서는 사업자로 인정해버리고 과세를 합니다. 이미 자신은 간주사업자로 과세되고 있는데, 모르는 채 그냥 투자하고 있는 사람도 있을 것입니다.

꾸준히 부동산 투자를 할 생각이라면 사업자등록을 고려하기 바랍니다. 사업자는 다양한 부분에서 효율적인 면이 있습니다. 첫째, 비용처리 부분에서 유용합니다. 도배, 장판, 차량유지비, 사무실운용비, 식사비, 교통비 등 매도와 매수 과정에서 발생하는 전반적인 비용을 필요경비로 산정할 수 있습니다. 둘째, 세율적인 측면에서도 유리합니다. 특히 단기매매를 생각하고 있다면 사업자는 상당히 유리합니다. 셋째, 다주택자의 범위에서 벗어날 수 있습니다. 사업을 목적으로 소유하고 매매하는 것이니 주택보유 산정에는 포함되지 않습니다. 주택청약 시 무주택기간에 따른 가점이 크기 때문에 무주택자로 부동산 투자를 영위하는 것도 사업자를 통해 가능합니다.

사업자등록을 하면 대출도 상대적으로 자유롭습니다. 전업 투자를 하는 경우 개인의 소득을 증빙하는 것이 쉽지 않습니다. 불안정한 1억 원의 수익보다 안정적인 2,400만 원의 급여가 대출을 위한 소득증빙에는 유리합니다.

그렇다고 장점만 있는 것은 아닙니다. 사업자등록을 하게 되면, 부가가치세를 고려해야 합니다(전용 85㎡ 초과 건물분). 식당에서 밥을 먹으면 밥값에 부가가치세가 부과됩니다. 이와 마찬가지로 부동산도 사업의 대상으로 간주되어 매매 시 부가가치세를 납부해야 합니다. 원칙적으로 매수자가 부가가치세를 납부합니다. 하지만 일반적인 경우 매수자가 개인이기 때문에 특별한 약정이 없는 이상 매도 가격에 부가가치세가 포함되어 있습니다. 식당에서 만 원짜리 밥을 먹었다면 부가가치세가 그 가격에 포함되어 있다고 생각하면 됩니다.

사업자로 부동산을 매매할 경우 종합소득세가 합산된다는 것도 기억해야 합니다. 개인사업자는 종합소득세 합산 범위에 있습니다. 그래서 부동산 투자 외에도 소득이 많다면 종합소득세 과세 구간을 높이게 되어 세율이 높아집니다. 사업자라고 해서 종합소득세와 분리되는 것은 아닙니다. 부동산 투자의 소득은 기본단위가 큰 투자처이기 때문에 종종 연봉 이상의 소득이 나는 경우도 있습니다. 이 소득이 종합소득에 합산되면 소득의 절반에 가까운 세금을 냅니다. 그래서 소득을 분리하는 것은 절세의 방법이기도 합니다.

소득을 분리하는 기본적인 방법은 법인사업자가 되는 것입니다. 본격적인 사업을 시작한다는 의미입니다. 법인은 절세, 비용처리, 자산이전, 증여·상속 등 다양한 활용이 가능합니다. 부동산 투자를 처음 시작하는 사람이 법인을 만든다고 하면 너무 무리한 시작이 아니냐고 반문할 수도 있습니다. 하지만 부동산은 기본적인 거래 금액이 크고, 공제 혜택이 다양합니다. 100만 원짜리 가전제품을 팔 때 10%의 세금을 아낀다면 10만 원이 절세되지만, 매매차익 1억 원짜리 부동산을 팔아서 10%의 세금을 아끼면 1,000만 원이 절세됩니다. 절세를 할 수 있는 방법도 천차만별이기 때문에 시작할 때 법인을 설립하는 것도 무리한 과정은 아닙니다.

부동산 투자를 시작할 때 반드시 사업자등록이 필요한 것은 아닙니다. 다만 규모가 큰 투자처이기 때문에 사업자등록을 하는 것이 유리합니다. 법인설립까지 준비하고 부동산 투자에 입문한다면 다양한 방면에서 수익을 높일 수 있습니다.

부동산 사업에는
어떤 종류가 있나요?

표준산업분류체계상 부동산은 다음과 같이 나눠집니다.

중분류	소분류	세부분류
부동산 임대 및 공급업	부동산 임대업	주거용 건물 임대업
		비주거용 건물 임대업
		기타 부동산 임대업
	부동산 개발 및 공급업	주거용 건물 개발 및 공급업
		비주거용 건물 개발 및 공급업
		기타 부동산 개발 및 공급업
부동산 관련 서비스업	부동산 관리업	주거용 부동산 관리업
		비주거용 부동산 관리업
	부동산 중개, 자문 및 감정평가업	부동산 중개 및 대리업
		부동산 투자자문업
		부동산 감정평가업

우리의 생각보다 많은 분야의 부동산 사업이 있습니다. 부동산을 처음 접할 때는 임대업과 매매업만 알고 시작합니다. 월세를 받으면 임대업이고 시세차익을 남기면 매매업입니다. 임대업이든 매매업이든 세금에 따른 다양한 분류가 가능합니다. 정확한 기준이 세금이라고 할 수는 없지만 세금에 의한 분류가 가장 쉽게 설명되리라고 생각합니다.

예를 들어 설명하겠습니다. 제가 컴퓨터조립을 잘해서 친구 몇 명에게 컴퓨터조립을 해주고 일정의 수수료를 받았다고 가정합시다. 이는 반복적인 수익이 아니기 때문에 저는 사업자에 준하는 과세를 당하지 않습니다. 향후 입소문이 나서, 반복적으로 컴퓨터조립을 해서 판매하게 되면 과세당국은 저를 컴퓨터판매사업자로 간주하게 됩니다. 이를 간주사업자라고 합니다. 간주사업자는 사업자등록을 하지 않았지만, 사업자에 준하는 과세를 당하게 됩니다.

수익이 생기다보니 저도 정식으로 사업자등록을 했습니다. 사업이 번창해서 매출도 상당히 늘었습니다. 그러자 과세당국은 저의 늘어난 매출을 좀 더 면밀히 관리하기 위해서 '성실신고확인대상자'로 지정합니다. 성실신고확인대상자는 세무담당자를 통해 정확한 세금신고를 해야 합니다. 복식부기를 해야 하는 것입니다. 복식부기는 자본과 부채의 합이 자산의 합과 맞춰져야 하는 기장형태입니다. 언어상으로 복잡하지만 검산이 가능한 세무신고를 하라는 의미입니다. 이것은 사실상 법인의 기장방식과 동일합니다. 비록 개인사업자로 등록되어 있지만 법인에 준하는 세금신고를 하라는 의미입니다. 성실신고확인대상자를 다음과 같이 정리해보겠습니다.

업종별	14~17년 귀속	18년 귀속부터
농업·임업 및 어업, 광업, 도매 및 소매업(상품중개업을 제외한다), 제122조 제1항에 따른 부동산 매매업, 그밖에 제2호 및 제3호에 해당하지 아니하는 사업	해당년도 수입금액 20억 원 이상	해당년도 수입금액 15억 원 이상
제조업, 숙박 및 음식점업, 전기·가스·증기 및 수도사업, 하수·폐기물처리·원료재생 및 환경복원업, 건설업(비주거용 건물 건설업은 제외하고, 주거용 건물 개발 및 공급업을 포함한다), 운수업, 출판·영상·방송통신 및 정보서비스업, 금융 및 보험업, 상품중개업	해당년도 수입금액 10억 원 이상	해당년도 수입금액 7.5억 원 이상
법 제45조 제2항에 따른 부동산 임대업, 부동산 관련 서비스업, 임대업(부동산 임대업을 제외한다), 전문·과학 및 기술 서비스업, 사업시설관리 및 사업지원 서비스업, 교육 서비스업, 보건업 및 사회복지 서비스업, 예술·스포츠 및 여가관련 서비스업, 협회 및 단체, 수리 및 기타 개인 서비스업, 가구내 고용활동 [별표 3의3 서비스업]	해당년도 수입금액 5억 원 이상	해당년도 수입금액 5억 원 이상

출처 : 국세청

[별표 3의3]

구분	업종
사업 서비스업	변호사업, 공인회계사업, 세무사업, 변리사업, 건축사업, 법무사업, 심판변론인업, 경영지도사업, 기술지도사업, 감정평가사업, 손해사정인업, 통관업, 기술사업, 측량사업, 공인노무사업

현금영수증 의무발행업종(소득세법 시행령 제210조의3 제9항 관련)

※ 비고 : 업종의 구분은 한국표준사업분류를 기준으로 한다. 다만, 앞의 표에서 특별히 규정하는 업종의 경우에는 그러하지 아니하다.

세금 피하려다 호랑이 만나다

앞에서 잠깐 언급했지만 사업의 규모면에서도 최종적으로는 법인까지 이르게 됩니다. 그 과정으로 넘어가게 만드는 결정적인 요인은 세금

부동산 투자의 시작,
무결점 법인 만들기

입니다. 개인사업자이지만 법인에 준하는 세무신고를 합니다. 이 단계에서 법인으로 회사를 전환하게 됩니다.

법인은 사업자의 최종 단계라고 생각하면 됩니다. 대기업도 법인의 형태입니다. 호랑이를 만난 것 입니다. 아니, 호랑이를 키우게 된 것입니다. 작은 강아지로 생각하고 키웠는데 호랑이가 되었으니 이제는 본격적으로 사업을 시작하게 됩니다.

도식화하면 앞의 그림과 같습니다. 간단히 다시 한 번 설명하겠습니다. 처음 부동산을 사고팔 때는 개인으로 시작합니다. 그렇게 횟수가 늘어나다보면 자연스레 사업자에 준하는 세금을 내게 됩니다. 매매사업자로 간주되고, 주택을 신축해 판매하기도 합니다. 매매업 혹은 건설업으로도 간주됩니다. 사업자등록을 하지 않아도 과세당국에서는 사업자에 준하는 세금을 과세합니다.

사업자는 부가가치세도 감안해야 합니다. 일반사업자로 등록하고 일정 금액 이상의 매출이 증가하면 성실신고확인대상자가 됩니다. 이는 사실상 법인에 준하는 수준이 된 것입니다. 법인이 되면 정확하게 과세신고를 해야 합니다. 반면 법인은 세율적인 부분에서 유리한 면이 있습니다. 그래서 부동산 사업을 시작하기 위해서 처음부터 법인설립을 하는 경우도 어렵지 않게 찾아볼 수 있습니다.

부동산 사업자를 크게 개인, 일반사업자, 법인으로 정리해보겠습니다. 이때 개인에서 일반사업자로 넘어가는 과정이 간주사업자이고, 일반사업자에서 법인으로 넘어가는 과정이 성실신고확인대상자입니다.

임대사업과 매매사업

"소는 누가 키워?"

한때 개그프로그램에서 많이 등장하던 유행어입니다. 소를 키우는 목적은 크게 두 가지가 있습니다. 농사를 지을 때 밭을 갈거나 우유도 얻습니다. 또한 잘 키워서 매매하기도 합니다. 부동산도 마찬가지입니다. 우유를 마시고자 하는 활동이 임대업이고 고기를 얻고자 매매하는 분야가 매매업입니다. 부동산 투자를 시작하는 단계에서 임대와 매매만 알고 구분해도 충분합니다. 임대업과 매매업을 모르는 사람은 없을 거라고 생각됩니다. 하지만 미리 구분해서 정의해놓아야 사업을 등록하거나 법인을 설립할 때 하고자 하는 사업을 등록하지 않는 실수를 예방할 수 있습니다.

건설업이나 개발업 등은 전문분야이기 때문에 처음부터 업으로 하기는 무리가 있습니다. 그래서 크게 임대업과 매매업만 구분해보겠습니다. 또한 임대업으로 등록하고 매매업을 하는 사람도 적지 않습니다. 처음 사업자등록을 할 때 부동산이라는 단어만 봐도 같은 종류라고 생각하고 쉽게 사업자등록을 하는 사람이 많기 때문입니다.

'조물주 위에 건물주'라는 말이 있습니다. 우리가 흔히 생각하는 건물주는 임대업을 하는 사람입니다. 부동산의 가치를 빌려주고 일정한 수익을 창출합니다. 전세권, 임차권, 지상권 등의 대여로 인한 소득도 있고, 광업권 같은 권리를 대여하기도 합니다. 건물이 있는 경우 광고수익도 있을 수 있습니다. 일정한 고정소득이 있기 때문에 현금흐름에 상당한 장점이 있습니다.

부동산 매매업은 부동산을 사고팔면서 시세차익을 얻는 사업입니다. 경매나 공매로 시세보다 저렴하게 매수해서 일반시세에 매도하는 경우가 일반적입니다. 부동산 경기에 따라 급매물을 통한 시세차익을 얻기도 합니다.

일반적으로는 임대업과 매매업은 동시에 진행됩니다. 저렴하게 매수해서 곧바로 차익을 남길 수도 있지만 임대를 통해 기간소득도 얻게 됩니다. 부동산은 장기보유에 대한 절세도 가능하기 때문입니다. 월세의 경우는 고정수입을 만들 수 있게 되고, 전세의 경우는 소자본으로 주택을 소유하다가 매매차익을 얻기도 합니다. 흔히 말하는 건물주의 경우도 월세를 통해 현금흐름을 만들고, 일정 시점에서 매매를 통한 시세차익을 얻습니다.

밑져야 본전.
사업등록은 다양하게!

사업자등록을 할 때 부동산 임대업과 매매업은 함께 등록합니다. 추가적으로 컨설팅, 개발, 중개, 분양, 건설 등 다양하게 추가할 수 있습니다. 업종에 따라 반드시 법인을 만들어야 하는 종류도 있고, 그에 따른 자본금도 일정 금액 이상인 경우가 있습니다. 특히 법인을 만들 때는 최대한 다양한 사업분야를 등록하는 것이 유리합니다. 매매업만 등록했다가 임대업을 추가하려면 설립 때와 비슷한 수수료가 필요합니다.

개인사업자 등록은 상당히 간단합니다. 국세청 홈페이지에 들어가서 사업자등록 신청을 하면 됩니다. 상호를 정하지 않았다면 빈칸으로 남겨도 됩니다. 대표의 신상과 업종을 입력하고 소재지를 입력합니다. 임대차계약서나 동업증명서 같은 다양한 서류는 없어도 무방합니다. 이렇게 개인사업자는 어렵지 않게 등록이 됩니다. 점심 먹기 전에 등록하면 저녁 먹기 전에 사업자등록이 이루어질 수도 있습니다. 사업에 따라 조건이 까다로운 업종도 있겠지만, 부동산 임대 및 매매업은 간단한 신상만으로도 사업자등록이 가능합니다.

법인은 다소 복잡합니다. 정관, 자본금, 소재지, 상호, 주주 등 다양한 부분에서 조금 고민해야 할 것들이 있습니다. 앞의 항목들이 준비되면 등기소에 가서 등기를 마치고 그 후에 세무서에서 사업자 발급을 받으면 됩니다. 자세한 내용은 차후에 다시 다루도록 하겠습니다.

부동산 투자를 시작하는 사람은 복잡한 세무적인 내용을 다 숙지하려고 하지 말고, 부동산 임대업과 매매업만 등록한다고 생각하고 준비하면 됩니다.

개인사업자와 법인사업자의
장단점은 무엇인가요?

개인사업자와 법인사업자의 구분은 매출 규모에 따르는 것이 일반적입니다. 매출이 많으면 무조건 법인등록을 해야 하고 매출이 적으면 개인사업자로 등록해야 하는 것은 아닙니다. 하지만 비례한다고 생각하면 됩니다. 세금이나 운용적인 측면에서 규모가 크면 법인이 유리합니다. 식사량에 따라서 체중을 유추해 볼 수 있는 것과 비슷합니다. 개인사업자와 법인사업자를 등록, 운용, 청산의 단계로 장단점을 알아보도록 하겠습니다.

몸에 맞는 옷을 입자!

개인사업자 등록은 회원가입과 비슷한 수준입니다. 업종에 따라 정도의 차이는 있지만, 주택 임대업이나 부동산 매매업은 특별한 요건이 없기 때문에 상당히 수월합니다. 반면 법인은 설립 시 정관, 주주, 자본금, 각종 등록서류 등이 필요합니다. 등록면허세 및 채권매입비용도 필요합니다. 법인 등기 후에는 국세청에 사업자를 내야 합니다. 과거에 비해 주주조건이나 자본금의 제약은 많이 없어졌지만 상대적으로 개인사업자보다는 절차가 복잡합니다. 그리고 향후 회사가 커졌을 때, 주식 이동이나 자본금에 대한 가치도 염두에 둬야 하기 때문에 법인설립 전에는 몇 가지 고려해야 할 사항들이 있습니다.

사업을 운용하다보면 개인사업자와 법인사업자의 장단점은 확연히 다릅니다. 가장 큰 차이는 세율입니다. 다음은 개인사업자와 법인사업자의 세율을 나타낸 표입니다.

개인사업자 세율		법인세율	
과세표준	세율	과세표준	세율
1,200만 원 이하	6%	2억 원 이하	10%
1,200만 원 초과 4,600만 원 이하	15%	2억 원 초과 200억 원 이하	20%
4,600만 원 초과 8,800만 원 이하	24%	200억 초과 3,000억 원 이하	22%
8,800만 원 초과 1억 5,000만 원 이하	35%	3,000억 원 초과	25%
1억 5,000만 원 초과 3억 원 이하	38%		
3억 원 초과 5억 원 이하	40%		
5억 원 초과	42%		

앞의 표를 참고하면 알 수 있듯 개인사업자는 일반적으로 6~42%의 소득세를 내야합니다. 하지만 법인세는 10~25%입니다. 세율을 보면 법인사업자에 상당한 매력이 있습니다. 대부분 법인사업자를 등록하는 이유는 소득세율 때문입니다. 5억 원을 기준으로 봤을 때 개인사업자

는 42% 세율이지만, 법인은 20%의 소득세만 내면되기 때문에 상당한 매력이 있습니다.

세금 많이 내고
간섭은 안 받을 테다

그렇다고 개인사업자가 무조건 불리한 것은 아닙니다. 개인사업은 납세 후 자금의 활용이 비교적 자유롭습니다. 법인은 법인소득 납세 후 자금활용이 상당히 제한적입니다. 대표의 소득을 지급할 경우 그에 따른 소득세를 따로 납세해야 합니다. 지출에 대한 세무신고도 개인사업자보다는 까다롭습니다. 그렇기 때문에 매출규모가 커도 개인사업자를 유지하는 경우가 상당히 많습니다. 세금은 낼 만큼 내고 마음대로 쓰겠다는 의미입니다. 이런 생각은 법인을 몇 번 운영해본 사람들이 종종 하는 생각입니다. 법인을 운영하면서 세율로는 상당히 이득이 많았는데, 정작 개인적인 자금활용에는 제한이 많았기 때문입니다. 국세청에는 PCI 시스템이라는 것이 있습니다. 개인적인 자금이동을 감시하고 있다고 생각하면 됩니다. 심지어는 현금으로 비밀리에 쓴다고 해도 현금으로 찾는 행위에 대한 소명을 해야 합니다. 세상에서 제일 착한 일을 했는데, 제일 나쁜 아버지가 되는 경우는 어떤 경우일까요? 바로 현금으로 수십 억을 기부하고 세상을 떠난 아버지입니다. 예를 들어 100억 원 자산 중에 50억 원은 자녀 몰래 기부하고 50억 원만 물려줬다고 하면, 자녀는 100억 원에 대한 상속세를 내야 합니다. 기부한

50억 원은 구경도 못 했는데 말입니다. 현금화한 50억 원을 국세청에 소명하지 못하면 전액 상속세를 과세합니다. 그러나 자녀는 진짜 모릅니다. 아버지가 자녀도 모르게 현금으로 기부했으니 말입니다.

법인은 더욱 엄격합니다. 모든 기록이 세무기록으로 남기 때문에 자금에 대한 출처가 더욱 명확해야 합니다. 사업수익을 자유롭게 쓰고 싶다고 생각하는 대표들이 법인을 불편해 하는 이유이기도 합니다. 법인을 몇 번 설립하고 운영해보면 요령이 생기기도 합니다. 사업자를 하나만 만들어야 한다는 제약은 없기 때문에 법인과 개인사업자를 동시에 갖고 있는 경우도 많고, 업종에 따라 다른 법인을 운영하는 경우도 있습니다. 법인이 세율적으로 많은 혜택을 주는 것은 그만큼 정확하게 운영되기 때문입니다. 절세와 불편함은 동전의 양면처럼 붙어다니는 것이기 때문에 이러한 불편함이 싫어서 세금을 많이 내고도 자유롭게 개인사업으로 머무는 경우도 있습니다.

제가 관리하는 사업자 중에도 이미 법인전환이 요구됐지만 개인사업자로 남아 있는 분이 있습니다. 세금을 많이 내더라도 마음 편히 많이 쓰고 싶다는 생각 때문입니다. 향후 법인에 대해 살펴보면 알게 되겠지만, 법인의 자금이동은 매우 엄격합니다.

사업을 시작하기 전에 세금과 관련된 사업의 특성을 잘 파악하고 개인의 상황에 맞는 선택이 중요합니다. 법인이 유리할 것 같아 설립했지만, 부동산 거래가 적어 세무비용이나 임대료만 고정적으로 지출된다면 법인은 손실을 입게 됩니다. 손실이 누적되면 기업 간 거래에서도 신용도가 떨어지게 되고, 은행대출도 어려워집니다. 또한 부동산은 등기자산이기 때문에 객관적인 자산입니다. 처음부터 끝까지 모든 자금에 이력이 남습니다.

어떠한 사업형태가 무조건 유리하다는 것은 단편적인 이야기입니다. 자기에게 맞는 사업형태를 준비하는 것이 필요합니다. 그런 형태를 찾기 위해서는 공부도, 경험도 필요합니다.

법인의 매력은
세율이 전부가 아니다

법인사업자는 세율적인 측면에서 유리하다고 생각하는 경우가 많습니다. 하지만 정작 운영해보면 세율적인 측면보다 다른 부분에 유리한 점이 더 많습니다. 우선은 주식회사라는 점에 상당한 매력이 있습니다. 주식의 배분에 따라 일정 부분 책임을 회피할 수도 있고, 법인의 이전이나 상속 시 유리한 점이 많습니다. 자금을 운용할 때도 개인사업자보다 유리한 입장에서 처리할 수도 있습니다.

사업 청산절차만 봤을 때는 개인사업자가 편리합니다. 세금만 잘 정리되면 크게 문제될 것이 없습니다. 반면, 법인은 청산 시 청산, 매매, 상속 세 가지로 구분해볼 수 있습니다. 청산은 각종 공과금과 세금을 정산하고 폐업절차를 밟는 것이므로 개인사업자와 비슷한 구조입니다. 매매의 경우는 개인사업자보다 객관적입니다. 개인사업의 경우 그 사업의 가치를 평가하는 것이 쉽지 않기 때문에 매매 과정이 어렵습니다. 법인의 경우 가치평가가 객관화되어 있기 때문에 매매도 객관적으로 이루어지며, 매출과 주식의 가치는 상대적이기 때문에 손실이 있는 법인도 매매가 가능합니다. 상속은 준비를 얼마나 했느냐에 따라 유리할 수도 있고 불리할 수도 있습니다. 대기업이나 재벌들은 상속세가 항상 고민입니다. 하지만 법인을 통해 다양한 방법으로 해결책을 찾는 이유도 여기 있습니다. 법인의 청산과 상속은 다음에 다시 다루도록 하겠습니다.

장단점을 알면 알수록 개인사업과 법인사업 사이에서 고민이 깊어집니다. 간단히 정리해보면 자산의 이전 없이 개인만을 위한 사업이라면 개인사업자가 유리할 수 있습니다. 소득보다 많은 세금은 없습니다. 세금을 낸 후에 개인을 위해서 사용할 자금이 필요하다면 개인사업자가 유리합니다. 세금을 42% 이상 내고 있다면 그만큼 개인소득도 크다는 이야기입니다. 개인 혹은 한 가족이 쓰기에 부족하지 않을 것입니다. 하지만 세금을 무시하기란 쉽지 않기 때문에 법인이 필요합니다. 진정한 시스템을 만들고 싶고 그 시스템을 유지하려면 고용창출도 필요합니다. 이런 자금의 활용에는 법인이 유리합니다. 또한 자산의 이전도 고려한다면 반드시 법인이 필요합니다.

다음은 개인기업과 법인기업을 비교한 표입니다. 그 내용을 잘 정리하면 사실상 법인에 대한 궁금증은 상당수 해결되리라 생각합니다. 세부적인 내용은 다시 알아보도록 하겠습니다.

구분	개인기업	법인기업
설립절차	설립간편	설립복잡(설립등기 필요)
사업주 역할	기업＝사주＝경영자	기업≠사주≠경영자
사업주 인건비	사업주 인건비 인정 안 됨.	사업주 인건비 인정
사업주 퇴직금	사업주 퇴직금 지급 안 됨.	사업주 퇴직금 지급 됨.
세율	6~42%	10~25%

구분	개인기업	법인기업
의사결정	의사결정 신속	의사결정 복잡(주주총회)
자금활용	자금활용 용이	자금활용 복잡(재무제표 기록)
자금운영	자금운영 개인화	자금운영 공식화
채무책임	채무부담 무한	채무부담 유한
의료보험	지역가입자로 납부	직장가입자로 납부
자본조달	일반적으로 사업자 대출	투자 유치 가능(주식발행)
신용	신용도 불리	신용도 상대적 유리
통장신고	의무 없음.	의무 있음.
사업양도	복잡	비교적 간단
이중과세	없음.	있음(법인세 과세 후 배당세나 소득세).
상속증여의제	자산이전이 어려움.	주식증여 등으로 비교적 절세에 유리
가업승계	불가능	가능

법인이라는
자격증의 의미

과거 TV에서 '허준'이라는 인물의 일대기를 드라마로 각색해서 방영한 적이 있습니다. 그때만 해도 인터넷이나 IPTV 같은 것이 없던 시절이었습니다. 본방송을 놓치면 주말에 재방송을 챙겨봐야 했습니다. 그마저도 놓치게 되면 동네 어귀에 하나씩은 있었던 비디오 대여점에서 대여해야 했습니다. 허준의 일대기는 상당히 인기가 많았습니다. 각색이 잘된 이유도 있겠지만, 허준이라는 인물 자체의 브랜드파워도 상당했을 것입니다. 의학계의 역사적 인물 중 가장 대표적인 인물이기 때문입니다.

만약 허준이 살아서 오늘날 의료행위를 한다면 어떻게 될까요? 아마 의료법위반으로 당장 잡혀갈 것입니다. 기술이 아무리 좋아도 자격증이 없으면 인정을 받을 수 없습니다. 전문분야에서는 더욱 그렇습니다. 부동산 중개는 어떤가요? 아무리 동네 터줏대감이라고 해도 자격 없이 부동산 중개를 하면 위법이 됩니다.

법인이라는 것은 사업의 자격증이라고 봐도 무방합니다. 법인이 없다고 사업을 못 하는 것은 아니지만, 공적 시장에 진입하는 데는 한계가 있습니다. 사업의 승패를 모니터링하는 것도 객관적일 수 없습니다.

제가 9년 정도 알고 지낸 백반집 사장님이 있습니다. 처음 지인에게 소개 받았을 때는 백반집이 잘되어 봐야 얼마나 잘되겠냐는 생각이 컸습니다. 규모도 그리 크지 않고 가정집을 개조한 주택이라 장사도 체계적이지 않은 듯했습니다. 하지만 모든 것은 저의 착각이었습니다. 매출은 대기업 프랜차이즈에 준하는 수준이었습니다. 주변의 공장지대를 1차적으로 소화하고, 그 공장지대를 상대했던 상인들까지 소화했기 때문에 쉴 틈이 없었습니다. 보통 식당은 점심과 저녁시간 외에는 한가하기 마련인데, 이 집은 하루 종일 사람들이 많았습니다.

상당 시간 찾아다니며 사업의 규모를 파악하고 법인출자를 권했습니다. 사장님은 작은 식당으로 소일거리 삼아 시작한 터라 법인이라는 것은 생각도 안 해봤고, 법인전환을 그리 중요하게 생각하지 않았습니다. 향후 정리할 때 필요한 자금에 대해서 경고를 드렸지만 크게 신경 쓰지 않았습니다. 그동안 해왔던 관성 때문에 크게 불편함을 느끼지 못했고, 기장세무사가 내라는 세금만 잘 내면 모든 것이 해결된다고 생각했습니다. 그렇게 고민만 하다 5년이라는 시간이 지났습니다. 5년이 지나고 사장님이 문득 사업을 축소하려고 한다고 했습니다. 20여 년 간 밤낮없이 일했으니 쉬고 싶은 마음도 있고, 둘째며느리에게 일을 맡기고 싶은 마음도 생겼다고 했습니다. 정확히 석 달 후에 전화가 왔습니다.

제가 5년 동안 떠들어댔던 일들이 현실이 된 것 같다고 급하게 저를 찾으셨습니다.

식당이라는 게 별거 아닌 것 같아도 정리할 때 상당한 자금이 들어갑니다. 특히 현금장사를 많이 하다 보니 의도치 않게 자연스레 탈세의 방향으로 가게 됩니다. 요즘에는 한 명이 식사를 해도 카드로 계산하는 것이 이상하지 않지만, 불과 몇 년 전까지만 해도 식당에서 카드를 내면 이상하게 쳐다봤습니다. 그렇기 때문에 현금거래가 많았고, 탈세 정황이 계속해서 축적되고 있었습니다. 의도적으로 탈세를 하지 않아도 일일이 기록한다거나 증빙하는 것이 쉽지 않기 때문에 상당히 난감한 상황이었습니다.

수도 없이 했던 이야기를 다시 했습니다. 그동안 수백 번도 더 말씀드렸지만, 한 귀로 듣고 한 귀로 흘려들으셨던 것입니다. 제가 20분 설명하고, 질문 수십 개에 답해드렸습니다. 정리할 때 해야 할 일을 세무사에게 들으니 생각이 많으셨던 것 같습니다. 사장님은 중간과정은 생략하고 바로 법인을 설립했습니다. 법인을 만든다고 당장 해결되지는 않습니다. 하지만 순차적으로 자금을 양성화시키는 것입니다. 이 법인은 세금과 승계를 위한 법인이었습니다. 둘째며느리가 집을 담보로 대출까지 받으며 공동으로 자금을 출자했습니다. 완벽할 수는 없지만 법인이라는 시스템에 적응하는 시간을 갖게 되었습니다. 그 후 3년 동안 사장님은 법인으로 운영하다가 지금은 여유롭게 여행을 다니면서 식당을 운영하고 계십니다. 과거에는 장사 자체에만 신경을 썼다면 이제는 장사를 통해 발생한 가치의 흐름에 집중하기 때문에 에너지가 분산되셨던 것입니다. 사업을 하는 데 자격증을 취득하신 겁니다.

참고로 요식업계 대표 분들은 정말 안쓰러울 때가 많습니다. 장사는 잘되어서 눈코 뜰 새 없이 바쁘지만, 정작 자신은 제주도 한 번 마음 편히 못 가본 분들이 정말 많습니다. 그렇게 사업하다가 자녀들만 좋은 꼴 난다고 설명해도 귀에 잘 들어오지 않습니다. 그렇다면 재산을 많이 상속받았다고 자녀가 좋아할까요? 준비 안 된 상속은 불만만 낳게 됩니다. 20억 원은 받을 줄 알았는데 정리하고 세금 내고 나니 15억 원을 받았을 때, 5억 원을 못 받은 것 때문에 부모님을 원망하게 됩니다. 어느 날, 제 친구도 건물 한 채 날렸다고 울상이 된 적이 있습니다. 알고 보니 세 채를 물려받았는데 세금을 정리하면서 작은 상가건물을 하나 팔아야 된다는 소리였습니다. 친구들 사이에서 그 친구는 버림받을 뻔 했습니다. 사람의 심리라는 것이 그렇습니다. 유치원에 다니는 아이와 하루 종일 집에 있다가 저녁에 치킨 한 마리를 시켜주면 그렇게 좋아합니다. 하지만 하루 종일 놀이공원에서 함께 놀아주고, 비싼 음식을 사줘도 돌아오는 길에 아이스크림 한 개 안 사주면 길바닥에서 뒹굴고 난리가 납니다.

법인은 사업의 자격증입니다. 자격증이 없다고 해서 위법은 아닙니다. 하지만 법인이라는 자격증을 통해 제도권 내에서 주기적인 객관화를 거치게 됩니다. 부동산 법인도 마찬가지입니다. 단순히 절세를 위한 법인도 상당히 매력 있습니다. 하지만 부동산 법인이라는 이름으로 세무담당자를 사용해야 하고, 절세나 탈세에 대해 주기적으로 모니터링을 해야 한다는 것은 향후 자산에서 변화가 생길 때 상당한 도움이 될 것입니다. 앞으로 법인의 역할에 대해서 더 자세히 알아보겠습니다.

법인의 취득세와 취득세 중과란 무엇인가요?

　세금은 깊게 들어가면 상당히 어려운 분야입니다. 많은 투자자가 책을 내려놓게 하는 결정적인 부분이기도 합니다. 세금은 깊게 알 필요가 없습니다. 아무리 세무적인 지식이 깊고 풍부하다 하더라도 결국 세무처리는 세무사가 해줘야 합니다. 앞서 말한 허준의 의료행위는 불법인 것처럼 말입니다. 지금부터는 세금에 대한 방향성만 정할 수 있도록 정리해보겠습니다.

　부동산은 살 때는 취득세, 보유할 때는 재산세와 종합부동산세, 매도할 때는 양도세라고 생각하면 됩니다. 모든 재화는 감가상각이라는 것이 있습니다. 사용하거나 소유하면서 시간이 지나면 그 가치가 떨어지게 되어 있습니다. 심지어는 포장만 뜯어도 중고로 전락해버립니다. 하지만 부동산은 영속성이 있습니다. 오히려 가치가 오릅니다. 물가상승률을 이겨내는 몇 안 되는 자산입니다. 법인이 부동산을 취득할 때의 취득세는 일반 취득과 마찬가지로 종가세(從價稅)입니다. 가격에 비례해 세금을 내는 것입니다. 보통은 매매만 취득으로 생각하는 경우가 많은데, 건물을 새로 짓거나 증축하는 것도 취득으로 봅니다. 이것을 원시취득이라고 합니다. 또한 형태의 변경으로 자산의 가치가 늘어났을 때도 취득으로 간주됩니다. 이것은 간주취득이라고 합니다. 예를 들면 땅을 샀는데 지목변경으로 자산가치가 높아졌다면 그 부분에 대해 취득세를 내야 합니다. 법인의 경우 과점주주라면 법인의 자산취득에 대한 부분의 세금도 고려해야 합니다.

법인의 경우는 취득세 중과세율도 참고해야 합니다. 과밀억제권역에 법인을 설립하고, 5년 이내 과밀억제권 내의 부동산을 매입하면 취득세가 중과됩니다. 중과를 피하는 방법은 5년이 지나 부동산을 매입하거나 5년 이상 된 법인을 인수하면 됩니다. 또는 대도시 외의 지역에 본점을 등록하면 됩니다(대도시＝과밀억제권－산업단지). 예를 들어 서울디지털 산업단지에 본점이 있으면 과밀억제권역 내라도 중과는 면할 수 있습니다.

세무전문가도 아닌데 세금 이야기를 시작하면 복잡해집니다. 깊이

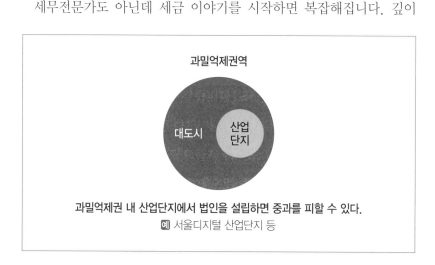

과밀억제권 내 산업단지에서 법인을 설립하면 중과를 피할 수 있다.
예 서울디지털 산업단지 등

들어가기보다는 방향을 잡는 정도로 충분하리라 생각됩니다. 법인을
세울 때 중과되는 지역을 피하시면 됩니다.

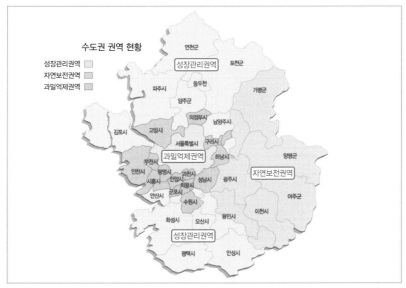

법인 외의 절세 방법?
신탁에서 길을 묻다

 절세의 방법이 딱히 정해져 있는 것은 아닙니다. 하지만 부동산 투자의 길에 입문했다면 법인으로 시작하거나 혹은 법인을 목표로 달리는 것이 바람직하다고 생각됩니다. 법인은 투명한 유리상자의 사업장을 갖는 것이라고 생각하면 됩니다. 자금흐름이 투명하기 때문에 그에 대한 보상으로 절세의 요소들을 많이 만들어줍니다.

 사업을 하다보면 직원이 생기기 마련입니다. 1인 법인이 목표라고 하더라도 규모가 커지면 가족을 직원으로 고용하게 됩니다. 열심히 하는 직원들을 위해 사내복지를 제공하기도 합니다. 개인사업자는 사내복지를 개인의 소득에서 제공하거나 직원들 급여처리를 하는 방법이 일반적입니다. 법인은 사원복지에 대한 공제혜택이 다양합니다. '직무발명보상제도'나 '연구소설립' 같은 경우가 그런 것입니다. 직무와 관련된 특허권 활용을 하거나 기업연구소설립에 관해 상응하는 혜택을 받는 것입니다. 부동산에 무슨 특허냐고 반문하실 수 있습니다. 특허청에서 부동산에 관련된 특허를 검색해보면 수천 가지는 나옵니다. 부동산은 다양한 활용이 필요한 종합사업이기 때문에 찾으면 보이는 것들이 많습니다.

법인을 싫어하는 사람도 있습니다. 매달 세무기장에 대한 비용이나 복식부기에 대한 부담을 느끼는 경우입니다. 이런 분들에게 다른 절세 방법은 없을까요? 부동산의 기본적인 절세는 중과를 피하는 방법입니다. 피로가 누적되지 않게 하는 것입니다.

복싱경기를 생각해보겠습니다. 글러브를 착용한 손으로 아무리 복부를 때려도 아파 보이지 않습니다. 하지만 복부에 피로가 누적되면 치명적인 내상을 입기도 합니다. 기본세금은 동일하지만, 그 세금 위에 중과세를 맞게 되면 왠지 더 아프고 치명적인 손실이 될 수도 있습니다. 부동산은 투자의 영역이기도 하지만 근본적으로는 삶의 기본이 되는 주거공간입니다. 기본적인 주거가 우선인데, 투자 과열로 인해 권리가 침해될 수도 있기 때문에 부동산 투자는 중과가 많습니다.

부동산 중과를 피하기 위해서는 다주택자를 면하는 것이 우선입니다. 법인이 아닌 사업자등록만 해도 다주택을 피할 수 있습니다. 사업을 하기 위한 도구로 부동산을 이용하는 것이기 때문에 다주택자를 면할 수 있는 것입니다.

명의신탁이라는 방법도 있습니다. 부동산의 소유권을 신탁회사에 이전하고 부동산에 대한 수익이나 담보권을 활용하는 것을 말합니다. 맡긴 부동산(토지)을 개발한 뒤 발생한 수익을 위탁자에게 돌려주는 '토지신탁(개발신탁)', 부동산을 보존, 개량해 생긴 수익을 위탁자에게 돌려주거나 소유권을 관리해주는 '관리신탁', 처분을 대행해주는 '처분신탁', 부동산을 담보로 대출해주는 '담보신탁' 등이 있습니다. 법인을 만들기 망설여진다면 이용을 권합니다. 사실상 많이 활용하는 신탁의 형태는 "담보신탁"입니다. 소유권이 내게 없기 때문에 다주택자 중과도 면할 수 있지만, 대출을 받을 때 기존보다 많은 담보금액이 설정됩니다. 개인보다 신탁회사의 신용이 더 높기 때문에 은행도 담보가치를 더 높게 책정해주는 것입니다. 다만 금리는 조금 높은 것이 일반적입니다.

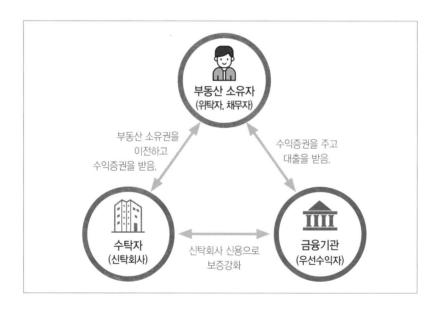

신탁이 불편한 점이 없는 것은 아닙니다. 각종 행정처리 시 신탁의 허가가 필요합니다. 예를 들어 경매로 낙찰을 받아서 임대를 통해 수익을 발생시키려 할 때도 신탁회사의 허가가 필요합니다. 반드시 신탁사의 위임을 받아야 합니다. 명의가 이전되었으니 당연한 부분입니다. 대부분은 법무처리를 할 때 동시에 진행되지만, 별개로 법적인 부분을 진행할 경우 절차상 복잡합니다. 행정상 내 부동산이 아니기 때문입니다.

또한 신탁을 통해 부동산을 관리할 때 반드시 알아야 할 것이 있습니다. 신탁의 의미 그대로 남에게 맡기는 것에 따르는 불편함과 비용을 간과해서는 안 됩니다. 예를 들어 신탁담보를 통해 대출을 받은 부동산에 불법점유자가 있어서 점유이전금지가처분을 신청하려고 한다면 위임장이 필요합니다. 내 부동산에 무슨 위임장이냐고 생각할 수도 있지만, 법적으로는 신탁사의 부동산이기 때문에 그에 따른 권한이 내게 없는 것입니다. 부동산을 매매하거나 임대할 때도 마찬가지입니다. 사실상 중개를 의뢰하고 매매, 임대하는 것은 내 일이지만 결국 권한은 신탁사에 있습니다.

수수료 또한 만만치 않습니다. 담보신탁을 할 때부터 수수료가 높습니다. 다른 법적인 일을 진행할 때 각종 수수료를 감안해야 하고, 온라인 진행도 불가능합니다. 만약 법무사나 업체에 맡기는 상황이라도 되면 수수료는 더 높아집니다. 사전에 수수료를 잘 알아봐야 합니다.

또한 향후 문제의 소지를 잘 모니터링해야 합니다. 모든 규제는 국세청의 질의에서부터 시작된다는 말이 있습니다. 법이라는 것은 공백이 있기 마련입니다. 아무리 완벽한 법이라 해도 일부 사람들은 그 공백을 역이용하고 있을지 모릅니다. 이러한 공백을 누군가는 국세청에 질의합니다. 이렇게 절세를 하는 것이 합법적인지 말입니다. 예를 들면 '신탁담보로 부동산을 맡기면 제 재산이 아니니 문제가 되지 않나요?'라고 문의를 합니다. 당장은 그에 따른 법이 없기 때문에 문제없다고 답하겠지만, 국세청은 이러한 법의 공백을 인지하게 되고 그에 상응하는 법이나 규례를 만들게 됩니다. 이렇게 법은 진화합니다.

최근 부동산에 대한 규제가 많아지고 있는 시국에 신탁부동산은 그 법을 교묘히 피하는 법임에는 틀림이 없습니다. 하지만 조만간 법을 통해 규제가 될 수도 있고, 그로 인해 그 효력을 잃을 수도 있으니 잘 모니터링해야 합니다. 문자를 찍은 잉크는 무생물이지만, 문자 위의 법은 생물입니다.

대표님!
법인은 당신 것이 아닙니다

　절세를 원해서 법인을 시작하는 사람이 대부분입니다. 세법적인 절세의 방법은 다양합니다. 대표적으로 소득세와 양도세의 절세, 비용처리 등을 꼽을 수 있겠습니다. 법인의 특징은 투명성입니다. 자금의 흐름을 투명하게 보기 때문에 각종 공제를 인정해주는 것입니다. 절세를 위해 반드시 알아둬야 할 개념이 있습니다. 정직입니다. 절세를 위해 정직하게 운용할 준비를 하라고 말하고 싶습니다. 정무적인 내용을 이야기하다 갑자기 도덕교과서 같은 이야기를 하는 걸까요? 그렇지 않습니다. 다수의 법인설립을 지켜보면 이 부분을 가장 많이 간과하기 때문입니다. 개인사업을 하다가 오로지 절세를 위해 법인을 설립합니다. 그리고 개인사업을 할 때 습관대로 자금을 사용하는 것입니다.

절세를 위해 횡령을 하다!?

법인의 테두리에서는 탈세가 될 수도 있고 횡령이 될 수도 있습니다. 앞에 언급한 것처럼 절세를 위해 대표의 소득을 4,800만 원 이하로 낮춰놓은 경우가 대부분입니다. 하지만 법인을 운영하는 대표의 지출이 4,800만 원으로 충분할까요? 충분하지 않을 것입니다. 만약 운영상 경비처리가 가능한 지출이라면 법인자금을 활용해도 되겠지만, 대부분은 개인적으로 사용하거나 생활비가 부족해서 법인의 자금을 쓰게 됩니다. 가지급금이 발생하는 것입니다(가지급금은 향후 자세히 설명하겠습니다). 회사에서 아무 명목 없이 돈을 가져다 쓰게 된다는 의미입니다. 이러한 자금이 쌓여서 어마어마한 폭탄으로 다가오게 됩니다.

법인의 문제는 대부분이 가지급금 문제입니다. 세무사는 꾸준히 경고해주지만, 대부분 한 귀로 듣고 한 귀로 흘립니다. '법인은 다 내꺼야'라는 생각이 강하기 때문에 심각하게 생각하지 않는 것입니다.

누구나 결국에는 죽습니다. 법인도 청산, 매매, 양도 중 한 과정을 반드시 거칩니다. 결국은 정리해야 할 부분이라는 의미입니다. 대부분 법인컨설팅의 첫 번째 솔루션은 대표의 연봉을 1억 원으로 높이는 데서 시작됩니다. 대표 연봉을 1억 원으로 높이면 35%의 소득세를 냅니다(현실적으로 근로소득은 각종 공제를 하면 세금이 상당히 줄어듭니다).

각종 세금과 양도 당시 냈던 법인세 10%를 더하면 50% 이상이 되는 세금을 냅니다. 누가 이런 세금을 내면서 1억 원 이상의 연봉을 책정하겠나 생각할 수 있습니다. 그래도 솔루션은 대표의 연봉을 높여서 개인의 잉여자금을 만드는 것이 우선입니다. 처음에 법인의 개념을 잡지 않고 세율만 좇다보면 대부분 이런 문제에 봉착합니다. 대표 연봉에 관한 내용은 나중에 다시 다루겠습니다.

절세 방법이나 세율은 수시로 변합니다. 그래서 과세당국의 정책에 좌지우지됩니다. 하지만 제가 10여 년 동안 법인컨설팅을 하면서 변하지 않는 고질병은 설립자의 자세입니다.

한때 퇴직금 중간정산이 유행이었습니다. 지금은 특별한 경우로 제한되어서 퇴직금 중간정산이 거의 불가능합니다. 그때는 왜 중간정산을 많이 했을까요? 절세를 위해서 아끼기만 하다가 결국엔 비슷한 세금을 내고 가져와야 하는 어처구니없는 경우가 발생하게 되는 것입니다. '아끼다 똥 된다'는 말이 있습니다. 법인의 장점인 절세만 생각하다가 결국 원점이 될 수도 있습니다. 지금은 공감이 안 된다 하더라도 곧 느끼게 됩니다. 법인 돈은 내 돈이 아니라는 것을 말입니다.

무결점 법인
만들기

법인설립 시 얼마의 자금과
몇 명의 구성원이 필요한가요?

법인설립 시 자본금에는 제한이 없습니다. 2009년 상법개정으로 폐지되었습니다. 다만 업종에 따라서는 제한이 있습니다. 부동산 관련 법인 중 건설업 같은 경우 종목마다 억 단위의 자본금이 필요합니다. 중개법인도 최소 5,000만 원의 자본금이 필요합니다. 하지만 우리가 시작할 매매업이나 임대업에는 특별한 제한이 없습니다.

만들어볼까?!
100원짜리 법인!

제한이 없다고 해서 자본금 100원짜리 법인을 설립하면 어떻게 될까요? 장난으로 생각합니다. 길에서 파는 아이스크림도 100원이라고 하면 불량식품으로 의심되어 안 사먹게 될 것입니다. 실무에서는 등록을 안 해줄 확률이 높습니다. 담당공무원이 정정을 요청할 수도 있습니다.

또한 적은 자본금은 시작부터 가수금을 발생시킵니다. 가수금은 수입을 채무로 잡는 것입니다(가수금은 향후 자세히 다룰 것입니다). 예를 들면 법인에 돈이 없어서 대표의 개인자금을 법인에 활용하는 것입니다. 분명 법인에 들어왔기 때문에 수입인데, 채무로 산정되는 것입니다. 마치 대출을 받는 것과 비슷합니다. 1억 원짜리 부동산을 매수하기 위해서는 대출을 80% 받는다고 가정해도 2,000만 원이 필요합니다. 법인에는 자본이 100원밖에 없기 때문에 2,000만 원을 고스란히 빌려와야 합니다. 이것이 가수금입니다. 처음부터 부실한 법인을 갖게 되는 것입니다.

법인의 성적표를 재무제표라고 합니다. 재무제표에 부실한 점이 많으면 향후 대출을 받기도 어려워집니다. 부동산 법인을 만든 의미가 퇴색하고 마는 것입니다.

자본금이 많으면 좋은 회사?

너무 많은 자본금으로 법인을 설립하면 어떤 현상이 발생할까요? 자본이 많기 때문에 신용에서는 높은 점수를 받는 법인이 될 것입니다. 하지만 주식회사라는 장점을 활용하는 데 제한이 있을 수 있습니다.

대표적인 것이 증여나 상속의 문제입니다. 법인설립 시 자녀가 주주가 되는 경우가 있습니다. 흔히 말하는 가족법인입니다. 합법적으로 자녀를 주주로 만들기 위해서는 자녀의 자금출처가 있어야 합니다. 대부분은 이 자금까지 증여를 합니다. 만약 자본금 1억 원짜리 법인의 10% 주식이면 1,000만 원의 증여가 이루어져야 합니다. 다소 부담스러운 금액이 될 수도 있습니다. 향후 전략적으로 가족 간에 주식을 매매해야 할 경우도 있습니다. 신생법인의 주식가치는 자본금에 의해 결정되기 때문에 매매자체도 부담스러울 수 있습니다. 향후 증여나 상속 같은 경우 정식적인 주식가치평가가 이루어지기 때문에 자본금보다는 객관적 주가가 더 반영됩니다. 하지만 생전에 지분정리를 하기 위해서나 설립 시 주식배분을 위해서는 적당한 선에서 자본금을 조절하는 것이 좋습니다.

설립인원도 사실상 제한은 없습니다. 자본금 10억 원 이상인 경우에는 이사나 감사가 반드시 있어야 합니다. 대부분은 10억 원 미만의 법인으로 시작하기 때문에 혼자서도 법인을 만들 수 있습니다. 그래서 '1인 법인'이라는 말이 있습니다.

그렇다면 얼마로 시작하면 좋을까요? 이렇게 정해보겠습니다. 1억 원짜리 아파트를 첫 투자로 생각한다면 1,000~3,000만 원의 자본금이면 충분하다고 생각됩니다. 설립과 동시에 가수금이 발생하지는 않을 것입니다. 실무에서 가수금은 금방 처리할 것이기 때문에 크게 신경 쓰지 않아도 됩니다. 만약 투자 목표를 5억 원짜리 부동산으로 설정한다면 1~2억 원 정도의 자본금으로 시작하는 것이 유리합니다. 물론 5억 원짜리 아파트도 1,000만 원짜리 자본금의 법인으로 무리는 없습니다. 다만 가수금에 대한 회계정리에 지속적인 모니터링이 필요합니다.

가수금 없는 법인으로
10억 원 만들기

저는 수년간 법인을 상담하면서 '세금 잘 내고 가수금과 가지급금 관리를 잘하는 법인이 가장 이상적인 법인이다'라는 결론을 냈습니다. 너무 당연한 이야기입니다. 가수금과 가지급금 관리가 어려운 것은 아닙니다. 법인 돈과 내 돈을 잘 구분만 하면 됩니다. 명확한 칸막이만 있어도 별로 문제될 것이 없습니다.

예전에 병원에서 재미있는 문구를 봤습니다. '무좀은 난치병 축에도 못 낍니다. 하지만 무좀을 무시하면 불치병이 됩니다.' 법인에서 가수금과 가지급금도 별것 아닙니다. 하지만 별것 아니라고 무시했던 것이 누적되면 불치병이 될 수도 있습니다.

1,000만 원으로 시작해서 10억 원 만들기!

가수금과 가지급금이 전혀 없이 법인을 운영하는 것은 쉽지 않습니다. 하지만 작정하고 가지급금과 가수금을 만들 필요도 없습니다. 만약 가지급금, 가수금 없이 투자한다면 1,000만 원으로 10억 원을 만드는 데 얼마나 걸릴까요?

예를 들어 법인 자본이 1,000만 원입니다. 대출을 80% 받는다고 가정하면, 5,000만 원의 부동산을 구매할 수 있습니다. 5,000만 원의 부동산으로 얼마의 수익을 남길 수 있을까요? 보수적으로 봐도 500만 원은 남길 수 있을 것입니다. 물론 시장의 변화에 따라 예측이 불가능한 것이 부동산이지만, 급매만 잡아도 500만 원은 크지 않은 금액입니다. 수익률로 따지면 10%의 수익이 남았습니다. 그렇다면 대출을 제외한 내 자본 대비 수익률은 얼마일까요? 1,000만 원 투자해서 500만 원 벌었으니 50%의 수익입니다. 하지만 세금도 내야 하고 기간에 따른 손실이나 각종 비용을 생각하면 20%의 수익입니다. 절대 무리한 가정이 아닙니다.

1,000만 원을 투자해서 20%의 수익이 났다고 가정해보겠습니다. 몇 번 더 20%의 수익이 나야 1,000만 원이 10억 원이 될까요? 약 27번의 수익이 나면 10억 원이 됩니다.

NO	금액	비고	NO	금액	비고
1	10,000,000	1,000만 원으로 시작	16	154,070,216	
2	12,000,000		17	184,884,259	
3	14,400,000		18	221,861,111	
4	17,280,000		19	266,233,333	
5	20,736,000		20	319,479,999	
6	24,883,200		21	383,375,999	
7	29,859,840		22	460,051,199	
8	35,831,808		23	552,061,439	
9	42,998,170		24	662,473,727	
10	51,597,804		25	794,968,472	
11	61,917,364		26	953,962,166	
12	74,300,837		27	1,144,754,600	11억 4,475만 원 달성
13	89,161,004		28	1,373,705,520	
14	106,993,205		29	1,648,446,624	
15	128,391,846		30	1,978,135,948	

〈달성목표〉

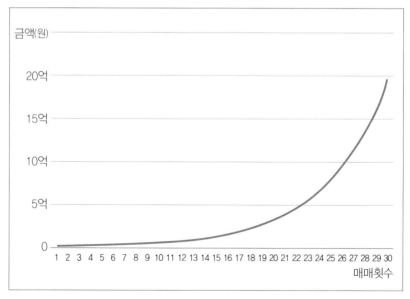

1,000만 원이 1,200만 원이 되고, 1,200만 원이 1,440만 원이 되고……. 이렇게 27번 매매차익을 남기면 약 11억 4,400만 원이 됩니다.

단순히 저축으로 10억 원을 만들려면 매달 약 800만 원씩 10년 정도 저축해야 합니다.

덧셈만 잘하는 대표님!

1,000만 원으로 10억 원으로 만드는 숫자놀이를 왜 해봤을까요? 덧셈만 잘하는 법인의 대표가 필요하다는 것을 말하고 싶어서입니다. 사업에서 성공하는 대표들은 대부분 전체를 보려는 노력을 꾸준히 합니다. 곱셈, 나눗셈, 백분율도 중요하지만 조금은 단순한 경영이 필요합니다. 한 부분만 현미경으로 깊게 보면 전체는 놓칠 수도 있습니다. 세무전문가가 사업적으로 반드시 성공하는 것은 아닙니다. 법률전문성이 직원과 원만한 관계를 맺는 데 크게 도움이 되진 않습니다. 세법적으로 엄청난 절세를 하겠다는 마음으로 법인에 접근하는 것보다는 가수금, 가지급금을 안 만들겠다는 접근이 훨씬 유리할 수 있습니다. 1,000만 원으로 10억 원을 만들어보길 바랍니다. 단순한 숫자놀이라고 생각할 수도 있습니다. 하지만 법인을 수십 년 운영해온 대표들이 많이 공감해주는 부분이기 때문에 분명 도움이 될 것입니다.

신생법인이 대출에 유리한가요?
- 양날의 칼, 대출

사업을 하다보면 누구나 대출이 필요합니다. 특히 부동산 법인은 대출이 필수입니다. 부동산 투자의 장점 중 하나가 '레버리지 효과'입니다. 일명 '지렛대 효과'라고 합니다. 어릴 때 개울가에서 물고기를 잡곤 했습니다. 큰 바위 밑 물고기를 잡기 위해서 돌 주변에 그물을 쳐놓습니다. 다른 친구 한 명은 튼튼한 지렛대로 돌을 흔듭니다. 누구나 한 번쯤 경험해봤을 지렛대의 원리입니다. 작은 힘으로 큰 소득을 얻는 것입니다. 이것이 부동산 투자의 장점 중 하나입니다.

10%의 수익을 낼 수 있는 시장이 있다고 가정합니다. 자본금 1억 원으로 투자한 사람이라면 1,000만 원의 수익을 낼 수 있습니다. 하지만 1,000만 원의 자본금을 투자한 사람이라면 100만 원의 수익에 만족해야 할 것입니다. 같은 시장이지만 자본금의 규모에 따라 최종적으로 얻는 수익이 다릅니다. 주식의 경우 신용거래가 가능하지만 분명 한계가

있습니다. 담보가 없기 때문입니다. 부동산은 담보를 통한 레버리지기 때문에 그 효과가 상당합니다.

　법인 또한 대출을 통해 레버리지 효과를 누립니다. 부동산은 그 자체만으로도 담보 효과가 크기 때문에 대출이 어렵지 않습니다. 법인이라면 더 유리한 입장에서 대출이 가능합니다. 법인의 성적표는 재무제표입니다. 지난해 얼마나 사업을 잘 영위해왔는지를 객관적으로 보여주는 것입니다. 개인도 대출을 받기 위해서는 소득이나 대출비율 등을 증빙해야 합니다. 법인도 이런 성적표를 증빙하는 것입니다. 개인의 증빙보다는 법인의 재무제표가 더욱 객관적인 증빙일 것입니다.

　재무제표가 없는 신생법인이라고 해도 불리한 것은 없습니다. 갓 태어난 법인이기 때문에 앞 시기의 성적표를 보지 않습니다. 2년 정도까지는 다소 자유롭습니다. 하지만 3년 차 법인의 성적표가 좋지 않다면 은행에서도 대출을 꺼려할 수 있습니다. 부동산이라는 확실한 담보 때문에 웬만해서 크게 문제되는 경우는 없지만, 법인의 성적표 관리는 필수입니다. 최근 부동산 법인이 많이 생기고 있어서, 신생법인의 경우 대표의 소득까지도 증빙해야 하는 은행도 있습니다.

엿장수 마음대로

　대출에 있어 '엿장수 마음대로'라는 말은 틀리지 않습니다. 은행도 이윤창출을 목적으로 하는 기업입니다. 웬만하면 대출을 해주려고 합니다. 다만 손실에 대한 대비가 다중구조로 있고, 사회적 자본의 성격이 크기 때문에 규제가 있는 것입니다. 대출규제가 많아도 지방의 소도시에서는 규제를 벗어나는 경우가 있고, 법인만 전문적으로 대출해주는 은행도 있습니다. 반대로 법인은 귀찮다며 대출을 안 해주는 배부른 은행도 있습니다.

대출을 받는다면 그 기간에 대해서도 생각해봐야 합니다. 법인의 설립이유가 단기매수에 의한 소득인데, 굳이 금리에 연연하지 않아도 됩니다. 어차피 금방 팔 것이기 때문에 금리 몇 프로를 낮추는 것보다 중도상환수수료가 더 중요할 수도 있습니다. 법인의 대출은 생소한 것뿐이지 일반인으로서의 대출보다 훨씬 수월합니다.

가지급금과 가수금은
무엇인가요?

세금을 피해 도망 온 법인

법인을 설립하게 되는 가장 큰 이유가 절세 때문입니다. 작은 가게로 시작했던 사업이 규모가 커지고 매출이 늘면서 법인을 만들게 됩니다. 소득세가 낮다는 이유로 법인을 설립했고, 절세를 위해 대표 급여를 최저시급에 준하게 설정해놨더니 대표의 생활이 너무 궁핍해집니다. 하지만 법인에서 돈을 꺼내 쓰는 것은 그리 어려운 일이 아닙니다. 절차적으로도 그렇지만 개념적으로는 너무도 쉽게 돈을 쓸 수 있습니다. 앞에서도 언급했지만 대부분의 대표들이 이 법인에 대한 기여도가 100%에 가깝습니다. 그렇기 때문에 '다 내 것'이라는 인식은 쉽게 고쳐지지 않습니다. 100건의 상담을 진행하면 90건은 대표와 법인의 물아일체 인식이 문제의 원인입니다.

자본금을 억지로 끌어다 맞춘 경우도 있습니다. 1억 원으로 자본금을 맞춰 잔액증명은 했으나 당장 현금이 필요해 증명서를 발급받음과 동시에 인출해서 사용하게 됩니다. 법인이 활발하게 운영되어 그나마 희석되면 다행이지만 대부분 초기에 거래금액도 작고 횟수도 적어서 크게 희석되지 못합니다.

반대의 경우도 마찬가지입니다. 법인의 자금이 필요하면 쉽게 개인 돈을 투자합니다. 법인명의의 저축이 따로 있어도 말입니다. 과거에 개인사업을 할 때 습관이 그대로 남아 있는 것입니다. 당장 급하면 내 돈을 쓰는 것이니 크게 이상하게 느껴지지 않습니다. 부동산 법인의 경우는 더욱 그렇습니다. 1,000만 원의 자본금으로 부동산 매매 법인을 설립했다고 1,000만 원으로 부동산을 매매하는 경우는 거의 없습니다. 5억 원짜리 부동산을 매매한다고 가정했을 때, 대출을 3억 원 받으면 2억 원은 법인자금이 있어야 하기 때문입니다.

돈 관계에 엄격한 친구

법인이라는 것은 한 명의 사람이라고 생각하면 간단합니다. 믿을 만한 친구지만 돈 관계는 엄격한 친구입니다. "너무 잔돈에 연연하면 사업 못 해! 그냥 대충 넘어가자!"라고 한다면 그 친구와 깊게 사귀기는 힘듭니다. 작은 법인을 운영할 때는 사소하게 넘어갈 수 있는 부분이지만, 법인이 커지고 사내유보금이 커지면 쉽게 간과할 수 없습니다. 그 친구와 긴밀한 관계를 유지하기 위해서 알아야 할 것이 바로 가지급금과 가수금입니다.

법인은 마법의 램프가 아닙니다

개인의 재무관리를 망치는 가장 큰 요소는 무분별한 신용카드 사용입니다. 인지능력이 부족하지 않은 사람들도 신용카드를 사용하는 것은 크게 다르지 않습니다. 소비에 대해 인식 없이 쓰다보면 어느새 돌이키기 힘든 수준의 지출이 쌓여 있습니다. 회계를 몰라도 사업을 할 수 있습니다. 하지만 가장 기본적인 더하기와 빼기는 해야 법인을 운영할 수 있습니다.

더하기는 가수금입니다. 회계상 수금되었지만 출처가 명확하지 않아 가수금이라는 형태로 돈을 받아둔 것입니다. 자본금 1억 원의 법인에서 5억 원짜리 부동산을 매매할 때 3억 원을 대출받아도 1억 원이 부족합니다. 이럴 경우 흔히 대표의 돈을 법인 돈으로 활용하게 됩니다. 부동산 법인을 설립하게 되면 가장 먼저 있게 될 자금흐름입니다. 가수금은 일종의 투자이기 때문에 나중에 문제되는 경우가 많이 없습니다. 대부분 투자금을 회수하는 데는 소홀함이 없기 때문입니다.

문제는 가지급금입니다. 빼기가 여기에 속합니다. 바로 법인자금을 꺼내 쓰게 되는 것입니다. 처음부터 법인자금을 빼서 쓴다는 생각은 안 합니다. 사업에 필요하기 때문에 조금씩 쓰다보면 엄청나게 커져 있는 것입니다. 법인컨설팅을 진행할 때 상당수는 가지급금 해결에 초점을 맞춥니다. '외상이면 소도 잡아먹는다'는 말처럼 가지급금은 늘어나는 속도가 상상을 초월합니다. (인정)이자도 계속 내야 합니다. 가끔 뉴스에서 법인횡령에 대한 이야기가 나옵니다. 대부분은 가지급금 관리에 실패한 사례라고 해도 틀린 말이 아닙니다. 절세를 위해 대표의 급여를 낮추는 문제는 심각하게 재고해봐야 합니다. 대표의 월급 문제는 다시 다루도록 하겠습니다.

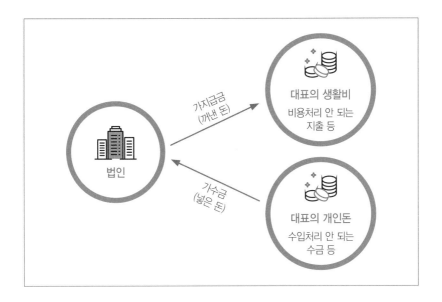

5

법인을 좀먹는
유동성

투자에서 가장 중요한 요소로 대부분 수익률을 꼽습니다. 수익률에 따라 투자 의사나 규모가 결정되기 때문입니다. 예를 들어 두 종류의 부동산이 있습니다. A부동산은 4%의 수익률을 기대하고, B부동산은 8%의 수익률을 기대합니다. 어느 부동산을 선택하시겠습니까? 당연히 B부동산입니다. 그러나 중요한 요소가 빠져 있습니다. 기간에 대한 수익률입니다. 만약 A부동산은 매도의사와 동시에 매도가 가능하고, 부동산은 최소 3년 후에나 매도가 가능한 부동산이라면 어떻겠습니까? 이제는 당연히 A부동산을 매매하게 될 것입니다.

현금은 흐름이 있습니다. 잘 흘러가는 자금이 더 유용한 자금입니다. 이를 '유동성'이라고 합니다. 용어 자체의 의미는 흐르는 성질이라고 표현할 수 있습니다. 금융에서는 특정자산이 필요할 때 얼마나 쉽게 현금으로 전환할 수 있는지를 말합니다. 또한 법인의 자산을 필요한 시기에

화폐로 바꿀 수 있는 것을 말하기도 합니다. 부동산은 거래하는 데 시간이 많이 걸리고, 가격이 높아 팔기가 쉽지 않습니다. 그래서 유동성이 낮은 자산이라고 합니다.

장사가 안될 바엔
파리 날리는 가게가 더 유리하다

사업을 하다보면 각양각색의 일들이 있습니다. 장사가 잘될 때도 있고, 안될 때도 있습니다. 흔히 장사가 잘 안되는 사업을 '파리 날린다'고 표현합니다. 파리 날리는 장사보다 이왕이면 장사가 잘되면 좋은 것은 당연지사입니다. 하지만 출구전략의 고민에 빠져 있는 장사라고 보면 파리 날리는 가게가 더 나을 때도 있습니다. 무슨 바보 같은 소리냐고 의아해 할 수도 있습니다.

리스크적인 관점에서 살펴보겠습니다. 안될 장사면 빨리 접는 게 리스크를 줄일 수 있는 방법입니다. 시간에 대한 리스크를 줄일 수 있기 때문에 전체적인 리스크는 줄어드는 것입니다. 장사가 잘되는 것 같지만 미수금이 누적되는 장사가 있습니다. 해결할 수 있는 미수금은 시간이 해결해줄 수도 있지만 그렇지 못하는 미수금들이 반드시 존재합니다. 결국 미수금은 자금의 유동성을 막게 되고 수익이 나는 듯한 착각도 일으킵니다. 리스크가 쌓이는 것입니다. 곧바로 가게를 접었을 때보다 전체적인 피해는 훨씬 많은 리스크를 안겨줍니다. 유동성을 감안하지 않은 사업은 이렇게 무서운 것입니다.

부동산에서 제일 무서운 것이 무엇일까요? 대출, 공실, 정부규제 등 등. 다 맞는 말이지만 생각지도 못하게 우리를 은밀히 죄여오는 것은 바로 유동성입니다. 차라리 위협적으로 다가오는 리스크는 대비라도 합니다. 원인이라도 알기 때문에 선택의 여지가 남아 있습니다. 하지만 생각지도 못한 유동성 리스크는 침묵의 리스크입니다. 매스컴에서 가끔 여러 채 집을 갖고 있으면서도 생활고로 극단적인 선택을 하는 경우를 볼 수 있습니다. 혹자는 이해할 수 없을지 모릅니다. 자산이 있는데 왜 생활고에 빠질까 의문을 갖습니다. 부동산이라는 자산은 있지만 유동성은 전혀 확보되지 못한 것입니다. 임차인을 금방 구할 것 같지만, 그렇지 못한 경우가 생기면 유동성에서 막혀 실패하는 투자가 되는 것입니다. 갭 투자 사기로 잠적하는 사람도 마찬가지입니다. 의도적으로 전세자금을 빼돌리는 사람도 있겠지만, 그중 일부는 갭 투자를 통해 시세차익을 남기려다 유동성에 문제가 생겨서 도망자 신세가 되는 경우도 많을 것입니다.

법인도 크게 다르지 않습니다. 의도적으로 법인을 정리하는 경우라면 성공한 법인을 운영한 것입니다. 대부분은 억울함을 안고 정리하게 됩니다. 절세만을 위해 유동성을 간과하면 가지급금이 쌓이고, 이는 법인의 몰락을 초래하게 됩니다. 제가 컨설팅한 수십여 개의 법인도 울며 겨자 먹기로 정리한 경우가 많습니다. 필요 이상으로 가지급금이나 가수금을 강조하는 이유도 이런 이유 때문입니다.

주택가에 임대를 얻어서 가내수공업을 하던 사장님이 계셨습니다. 거래처의 요구(법인 거래명세서가 필요)에 따라 법인을 만드셨습니다. 매출규모가 작은 편은 아니었습니다. 이른바 알짜배기 사업이었습니다. 다섯 명 규모의 작은 공장이라 현금유동성에 크게 신경을 쓰지 않으셨습니다. 그중 가족이 세 명이었습니다. 모두 급여도 낮게 책정했습니다. 거의 법인자금으로 생활했습니다. 법인자금을 쓰긴 했지만, 검소하서서 크게 문제가 없어 보였습니다. 어느 날, 대표가 거래처를 다녀오시다가 교통사고가 크게 났습니다. 병원비가 없어서 법인자금을 상당액 꺼내 쓰셨습니다. 장기간 병원에 계시다 결국 돌아가셨는데, 법인은 망가지고 세금을 내느라 공장을 접어야 했습니다. 기술사업이라 사모님이 명맥은 유지하고 있지만 법인설립에는 학을 떼십니다. 내 돈을 내가 쓰는 게 이렇게 어렵다는 것을 처음 경험해보신 것입니다. 법인을 운영하면서 유동성을 꼭 신경 써야 하는 이유입니다.

연금복권 같은 법인을 만들 테다!

복권은 크게 두 가지가 있습니다. 일시에 수십억 원을 주는 복권이 있고 매달 500만 원씩 20년을 주는 연금복권이 있습니다. 일시금으로 받는 복권도 좋지만 연금복권도 많은 장점이 있습니다. 하지만 법인은 복권이 아닙니다. 절대 얇고 길게 가야 좋은 것이 아닙니다.

상당수 대표들이 적은 급여로 평생 받으면 된다고 생각하는 사람이 많습니다. 제일 위험한 생각입니다. 친구에게 금덩어리를 맡겼는데, 친구가 갑자기 사라진다면 어떻게 되겠습니까? 법인이라는 친구가 믿을 만한 건 사실이나 절대 사고가 나지 않는 불사신은 아닙니다. 한 법인은 사내유보금이 수십억 있으니 노후까지 충분히 받을 수 있다고 생각합니다. 맞습니다. 하지만 주주 중 한 명이 갑자기 돌아가신다면? 상속세로 절반을 세금으로 내셔야 합니다. 거래처의 파산에 내 법인이 책임을 져야 한다면? 개인이라면 상관없던 리스크가 법인에게는 큰 리스크가 될 수도 있습니다. 대표의 기여도가 높은 법인일수록 대표의 은퇴시점에 맞춰 법인도 정리해야 합니다. 마치 대기업 명예이사처럼 일은 안 하면서 급여는 받겠다는 생각은 상당히 위험합니다. 법적으로 문제는 없을지 모릅니다. 하지만 대기업처럼 법인을 방어할 수 있는 능력이 약합니다. 지하철을 탔다면 내가 졸더라도 목적지에 도착해 있지만, 자전거를 탔다면 끊임없이 페달을 돌리지 않으면 금방 넘어집니다. 은퇴와 동시에 법인자금도 정리가 끝나야 안전합니다.

가족이 주주가 되어도
괜찮나요?

주주는 누구든지 될 수 있기 때문에 가족이 주주가 되는 것은 아무 상관이 없습니다. 다만 주주의 자금출처는 명확히 해두는 것이 좋습니다. 예를 들어, 소득이 없는 자녀가 주주가 되는데 그 주식에 대한 자본금이 수천만 원이면 자금출처에 대한 소명이 불가능합니다. 자본금 1억 원의 법인을 설립한다면 50%의 주주는 5,000만 원의 자본금이 필요합니다. 자녀가 소득이 없는데, 갑자기 주주가 된다면 증여로 간주되기 때문에 주의해야 합니다. 자녀를 정식 주주로 만들고 싶다면 증여의 절차를 통해 자금출처를 명확히 한 뒤 자녀를 주주로 만들면 됩니다.

자녀가 주주가 되는 것은 상속에 대한 준비가 될 수도 있습니다. 특히 소득이 없는 미성년자의 경우 정당한 증여를 통해 주주가 되었다면 향후 배당을 통해 자녀에게 소득이 생깁니다. 이 자금으로 등기자산인 부동산을 매매해도 되고, 향후 주식의 이전에 활용해도 됩니다. 배당을 통한 합리적인 소득이기 때문에 법인을 잘 활용한 자산이전이라고 볼 수 있습니다. 다만 주주가 많아지면 법인의 의사결정 과정에서 서류가 다소 복잡해집니다. 이 점만 감수한다면 자녀가 주주가 되는 것은 권장할 만합니다.

대부분의 경우 부부간 50%의 지분으로 법인을 설립합니다. 부부가 50%의 지분을 갖게 되면 서류상은 과점이 아닌 듯하지만, 과점주주가 된다는 점을 명심하기 바랍니다. 부부는 타인으로 인정되지 않기 때문에 1인 법인과 동일시됩니다. 다만 소득은 각자의 영역이기 때문에 소득세를 낮출 수 있는 효과는 있습니다.

과점주주를 피하기 위한 목적으로 타인을 주주로 만드는 경우가 있습니다. 불법임을 차치하고서라도 권장할 수 없습니다. 향후 다양한 명의문제가 발생합니다. 이는 실제사례를 통해 다시 언급하도록 하겠습니다.

법인을 설립하다보면 과점주주의 과세나 유한책임에 대한 부분 때문에 차명주주를 만드는 경우가 있습니다. 향후 법인의 발전과 더불어 근심만 늘어나는 결과를 초래하게 됩니다. 과도한 욕심을 버리고 가족법인으로 시작하는 것이 현명하다고 생각됩니다. 또한 가족법인의 장점은 잘 활용하기 바랍니다. 대표적인 것이 상속에 대한 대비와 소득분산에 관한 것입니다.

사과씨는 싸지만
사과나무는 비싸다

일반적인 경우라면 1인 법인보다 가족을 주주로 만드는 것을 권장합니다. 자녀에게 주식을 주는 것은 씨앗을 주는 일입니다. 아주 저렴하기 때문에 부담이 없습니다. 하지만 그 씨앗이 사과나무가 되었을 때는 상속의 효과를 절실히 느끼게 됩니다.

또한 자녀가 결혼할 때 전세자금을 억 단위로 해준다면 증여로 간주될 수밖에 없지만, 어릴 때부터 꾸준히 배당해서 그 자금이 모여 부동산 자금이 된다면 가장 합리적인 자금흐름이 됩니다. 이를 절대 놓치지 마시기 바랍니다.

주주가 되었다면 급여는 어떻게 해야 할까요? 가족이 정당하게 주주가 되었다면 정당한 배당도 지급해야 합니다. 가족이 직원으로 채용되었다면 주주자격과는 별개로 급여도 지급해야 합니다. 일하지도 않는 배우자에게 급여를 지급하는 것은 문제지만, 정당한 급여를 지급하지 않는 것도 전혀 도움이 되지 않습니다.

그렇다면 절세를 위해 최소한의 급여만 줘야 할까요? 그렇지도 않습니다. 급여가 낮으면 소득세 구간은 낮아져서 절세효과가 있지만 향후 법인에 쌓이는 유보금이 부담이 됩니다. 또한 법인을 운영하다보면 부득이하게 가지급금 문제가 발생하는데, 이 부분도 해결할 수 있는 여유로운 급여책정이 필요합니다. 향후 법인이 성장했을 때 낮은 급여와 과도한 가지급금에서 발생하는 문제를 미리 염두에 둬야 합니다.

코 묻은 돈을 뺏지 마세요

가족이라고 해도 정당한 급여는 필수입니다. 오히려 가족이라고 급여를 지급하지 않는 경우 문제가 됩니다. 예를 들어 미성년 자녀가 아버지를 도와 자료정리를 했다면 정당하게 파트타임 급여를 지급해야 합니다. 물론 가족 간에 생략할 수도 있고, 괜한 오해를 살 수도 있기 때문에 그냥 넘어가는 경우가 많은데, 좋은 방법은 아닙니다. 정당하게 일을 시켰다면 미성년 자녀라고 하더라도 급여를 지급하고 비용처리를 하는 것이 맞습니다. 그리고 향후 세무적인 대비를 위해 일지를 작성한다든지 정당한 세금을 내는 것은 필수입니다. 상담을 진행하다보면 오해의 소지를 없앤다는 취지에서 가족에 대한 사소한 비용을 무시하는 경우가 있습니다. 전혀 그럴 필요가 없습니다. 과도한 욕심은 불필요하지만, 기본적인 준비는 필수입니다.

부동산 투자의 시작,
무결점 법인 만들기

가족,
주주보다는 하청업체 사장!

법인을 준비할 때 가족을 주주로 만들려는 경향이 있습니다. 좋은 방법입니다. 소득도 분산할 수 있고, 향후 상속에 대한 대비도 가능합니다. 다양한 방향으로 법인을 활용할 수 있다는 점이 장점입니다. 하지만 절대적이라고 할 수는 없습니다. 법인을 준비하는 사람들이 빠지는 함정 중 하나가 법인에 많은 시간을 투자하기 때문에 그것이 절대적이라고 생각하게 되는 것입니다. 그 외의 방법들에 대해서는 소홀하기 마련입니다. 하지만 굳이 주주가 아니라도 다양한 방법이 있습니다. 가장 대표적인 것이 다양한 사업체에 눈을 뜨는 것입니다. 한 사례를 통해 설명해보겠습니다.

자영업으로 사업을 시작했다가 법인으로 전환한 A대표가 있습니다. 법인전환 시에는 경황이 없어서 가족을 주주로 넣지 못했지만, 주식이전을 통해 주주로 만들고 싶어 했습니다. 재무제표상 매출에는 큰 문제가 없어보였습니다. 주변 환경적인 요소를 파악하던 중 그 법인의 하청업체를 운영하는 B사장이 A대표의 친구라는 것을 알았습니다. 같은 직장을 다니다가 우여곡절 끝에 두 사람은 사업을 하게 되었습니다. 사람마다 생김새가 다르듯 사업에 대한 마음도 각자 달랐습니다. A대표는 사업수완이 좋아서 법인까지 확장하게 되었는데, 친구인 하청업체 B사장은 버는 돈에 비해 마음고생이 너무 심하다며 사업을 청산하고 싶어 했습니다. 처음에는 입버릇처럼 하는 이야기인줄 알았는데, 약주 한 잔 하면서 진심으로 그런 이야기를 했답니다. 큰 매출은 아니었지만 안정적인 사업처라는 생각이 들었습니다. B사장은 평범한 직장인이 더 좋았던 것 같습니다. 그 하청업체를 A대표의 자녀에게 추천했습니다. 같은 회사의 주주도 좋지만 굳이 주주가 되지 않아도 하청업체를 가족이 운영한다면 사업적인 조합도 잘될 것이라는 생각이 들었습니다. 하청업체를 인수하기로 했습니다. 정식적인 증여절차를 거쳐 자녀가 하청업체를 인수했습니다.

가족이라는 이유로 이러한 구조를 악용하면 불법입니다. 흔히 말하는 '일감 몰아주기' 같은 탈세가 이루어질 수 있습니다. 이러한 인식 때문에 가족 간에 하청업체나 주주가 되는 것을 꺼리는 사람도 상당히 많습니다. 하지만 합법적인 사업운영은 전혀 문제될 것이 없습니다. 불법적인 증여는 예리한 과세의 칼날을 맞게 되지만, 합법적인 증여는 국세청에서 권장합니다. 특히 자녀가 사업에 대한 경험을 쌓는다는 것에 상당한 장점이 있습니다. 일반적으로 주주만 되면 자녀는 아무것도 모른 채 명의만 빌려주는 상황이 되기 마련입니다. 그러나 일정한 직책이 주어져 그에 따른 책임을 부여받는다면 돈으로 환산하기 힘든 경험을 쌓게 됩니다. 더욱이 사업을 운영하게 된다면 액면가 이상의 자산을 쌓는다고 해도 과언이 아닙니다.

친구의 명의를 빌려서
주주로 넣어도 되나요?

　과거에는 법인의 설립요건으로 발기인(주식회사를 설립하기 위해서 회사의 정관에 서명한 사람)이 다수 필요했습니다. 1996년 9월 30일까지는 최소 7인이 필요했고, 2001년 7월 23일까지는 3인 이상이 필요했습니다. 이후 1인으로도 법인설립이 가능해져서 '1인 법인'이라는 용어가 일반화되었습니다.

　과거에는 이러한 설립요건 때문에 불법임에도 차명으로 주주를 많이 세웠습니다. 혼자 사업을 하고 싶어도 어쩔 수 없이 명의를 빌려 주주로 세우는 일이 많았습니다. 물론 차명주주는 불법입니다. 지금은 1인 법인이 가능하기 때문에 지인을 주주로 세울 필요가 없습니다. 그럼에도 차명주주를 세우는 이유는 과점주주를 피하기 위해서일 것입니다. 과점주주를 피했을 때 유리한 점은 차후에 살펴보기로 하겠습니다.

　차명주식에는 여러 가지 부작용이 많습니다. 법인을 설립할 때 적은 자본금으로 시작한다면 자금흐름에 큰 어려움이 없습니다. 하지만 회사가 성장해서 주가가 오르면 차명주식을 찾아오기는 쉽지 않습니다. 과거 불가피하게 차명주주를 만들었던 경우에 소송을 통해서도 찾아올 수 있는 방법이 있지만 절대 쉬운 일이 아닙니다.

1,000만 원의 자본금으로 법인을 설립했다면 주식의 50%라고 해봤자 500만 원입니다. 회사가 10배 성장하면 50%지분을 회수하기 위해서는 5,000만 원이 필요합니다. 절세를 위한 법인설립은 대부분 소액의 자본금으로 시작합니다. 하지만 거래물건인 부동산은 단위가 상당히 크기 때문에 향후 주식평가를 하면 주가는 상당히 오르게 됩니다. 차명주식 환원이 불가능해서 법인을 폐업시키지도 못하고 세금만 내고 있는 경우도 적지 않습니다.

원수인지 친구인지는 외나무다리에서 만나봐야 안다

차명주주와의 관계도 문제입니다. 죽고 못 살아서 결혼하는 부부도 원수가 되는 것은 한순간입니다. 하물며 차명주주와의 관계가 오랜 시간 잘 유지될 것으로 쉽게 생각해서는 안 됩니다. 어려서부터 친한 친구와 사업을 하면 십중팔구는 대부분 안 좋게 끝납니다. 이유는 간단합니다. 함께한 기간으로는 오랜 친구이지만 같이 일해본 적은 없기 때문입니다. 더욱이 오래된 친구일수록 금전관계를 해본 적이 없는 경우가 많습니다. 작은 돈이야 서로 공유하듯 쉽게 빌리고 안 갚기도 합니다.

하지만 사업은 푼돈이 아닙니다. 그리고 대표는 혼자 몸이 아니라 가족과 직원을 책임지는 가장이고, 대표입니다. 친구의 사소한 손실을 의리로 덮을 수 있는 것도 한계가 있습니다. 옛말에 친한 사이일수록 금전관계를 하지 말라는 의미는 여기서 찾아볼 수 있습니다.

또한 친구가 불의의 사고라도 당해 상속이 개시되면 이는 더 큰 문제로 발전합니다. 주식은 유가족에게 상속되고, 정식적인 주식가치가 산정됩니다. 그에 따른 세금을 다 유가족이 내게 됩니다. 나는 친구를 잃었지만 유족은 가장을 잃었습니다. 재정적인 난관에 봉착했고, 이미 상속받은 것으로 세금까지 냈습니다. 이를 처리하고자 한다면 상당한 노력과 자금이 필요할 것입니다.

과거에는 울며 겨자 먹기로 법인설립 시 차명주주를 만들어야 했습니다. 오늘날 누가 그런 무의미한 설립을 할까 생각되지만, 의외로 욕심을 부리는 사례가 많습니다. 물론 차명주식이 있으면 활용용도는 상당히 많습니다. 하지만 불법이기 때문에 나열하지 않겠습니다. 유혹에 넘어가지 않는 것이 현명한 방법입니다.

진짜 주주가 되어줘 - 공동창업

차명주식을 고민하기 전에 공동창업할 것을 추천합니다. 과점주주에게 부과되는 책임을 피할 수 있고, 수익에 대한 부분도 세율을 낮출 수 있습니다. 주주라고 해서 반드시 급여를 지급해야 하는 것은 아닙니다. 법인설립 시 자본을 투자해서 주주는 되었지만, 사업에 관여하지 않으면 급여는 지급하지 않을 수 있습니다. 다만 배당 시 주식의 비율만큼 배당을 하면 그 소득도 보존해줄 수 있습니다. 다른 본업을 갖고 있는 친구와 동업하고자 할 때 상당히 유리합니다. 공동 투자는 부담스럽지만 공동 법인설립은 많은 리스크를 제거해줍니다.

예를 들어 친구 A는 전업으로 부동산 투자를 희망하고 있습니다. 친구 B는 직장에 다니고 있어서 겸업은 회사 내규상 금지되어 있습니다. 하지만 경매를 배워서 부동산 매매 및 임대업을 하고 싶습니다. 개인적으로 공동 투자를 할 경우 업무분담이나 책임소재가 모호해집니다. 만약 법인자금을 각 50% 투자해서 운영을 하는 친구 A에게는 급여로 전업 투자에 대한 소득을 주고, 친구 B는 투자한 자본에 대한 배당을 주면 됩니다. 합법적인 범위 내에서도 얼마든지 잘 활용할 수 있는 방법이 있습니다.

법인을 설립하면 대표, 주주, 근로자의 세 가지 권한이 있습니다. 이를 잘 활용하면 굳이 차명주주를 만들지 않아도 효율적인 법인을 만들 수 있습니다.

준비하지 않으면 친구도 잃고
회사도 잃는다

　사업이라는 것이 처음부터 거창한 계획을 세우고 시작하는 경우는 드뭅니다. 작은 장사로 시작해서 큰 법인까지 이르는 경우가 일반적입니다. 동업의 경우도 마찬가지입니다. 자금력과 기술력을 동일하게 갖고 있는 사람이 동업을 하는 것이 아니라 한 명은 자금력, 또 다른 한 명은 기술력을 갖고 있는 경우가 많습니다. 부동산도 마찬가지입니다. 처음에는 갭 투자나 소액 투자로 시작해서 늘려가기 시작합니다. 그러다가 부동산 상승기를 만나면 매달 이자를 내기 급급했던 부동산이 수천만 원씩 자산가치가 늘어납니다. 혹은 몇 천만 원짜리 지하단칸방이 재개발되기도 합니다. 처음에 1,000만 원으로 시작했던 법인의 규모가 생각지도 못하게 커지게 됩니다.

　제가 알고 지내던 법인의 경우도 이와 비슷했습니다. ○○동에 약 100석 규모의 밀면집이 있습니다. 지역을 이야기하면 대충 아시는 분도 있을 겁니다. 이 가게의 A사장님은 처음부터 장사를 하던 것이 아니었습니다. 명문대학을 졸업하고 대기업에 다니고 있었습니다. 2년쯤 직장생활을 하던 중에 고향 친구인 B가 운영하는 밀면집에 놀러가게 됩니다. B사장님은 학력이 높지는 않지만 어려서부터 시장에서 장사하던 노하우가 있어서 지역에서 유명한 맛집을 경영하고 있었습니다. 이 맛을 알아본 A사장님은 B사장님에게 동업을 제안합니다. A사장님의 자본과 B사장님의 사업성으로 작은 식당을 개업했습니다. 물론 초기에 A사장님은 자본만 대고 직장생활을 병행했습니다.

그 밀면집은 대박이 났습니다. 규모가 커지면서 법인도 설립하게 되고, A사장님도 본격적으로 사업을 함께하게 되었습니다. A사장님의 사모님과 아들도 이 사업에 매달려 확장하기에 여념이 없었습니다. 분점도 몇 개 있었다고 합니다. 사업은 나날이 번창했습니다.

B사장님의 가족도 이 사업을 도왔다면 향후 큰 문제가 잘 합의되었겠지만 그렇지 못했습니다. B사장님은 결혼을 했지만 이혼하고 자녀들도 가끔 연락만 하는 정도였습니다. 하지만 지극히 개인사였습니다. 식당은 안정적으로 잘 운영되었습니다. 십여 년 동안 법인은 잘 운영되었습니다. 문제는 갑자기 생겼습니다. 두 사장님이 친목골프를 치고 돌아오는 길에 음주운전을 하신 겁니다. B사장님은 사망했고, A사장님은 큰 수술을 하긴 했지만 생명에는 지장이 없었습니다. 하지만 사업을 할 수 있을 만큼 회복하지 못했습니다.

본격적인 문제는 여기서부터 시작됩니다. 법인을 설립할 당시 두 사장님은 지분을 50 : 50으로 나눴습니다. 법인설립 무렵에는 큰 의미 없는 분할이었습니다. 동업이었기 때문에 지분을 절반씩 나누었던 것입니다. 하지만 사실상 모든 자본은 A사장님의 자본이었습니다. B사장님의 사업수완과 기술력으로 폐업 시까지 함께하기로 했기에 큰 문제가 없을 거라고 생각했던 것이 오산이었습니다.

B사장님의 상속이 개시되고 상속자들이 찾아와서 지분정리를 했습니다. A사장님 말에 의하면 B사장님의 배우자와도 한때는 친하게 지냈지만, 이혼 후에는 10여 년 만에 봤다고 합니다. 그런데 그 법인의 지분 절반을 줘야 하는 처지가 된 것입니다. 그 지분이 수억 원에 달했던 것으로 기억합니다. 잘 나가던 식당이 하루아침에 정리되었습니다. 돈만의 문제였다면 A사장님은 지불할 능력이 되었던 것으로 알고 있습니다. 하지만 허무함이 무력감으로 표출된 것 같습니다. 친구를 잃은 허무함, 그 큰 사업이 하루아침에 모르는 남에게 넘어가는 허무함 등으로 인해 사업은 일정 부분 정리되었습니다.

이 사건을 겪기 전까지 저는 무조건 지분을 나누라고 많이 컨설팅했습니다. 설마 하는 마음에 우선은 절세부터 생각했던 것입니다. 법인이라는 경기장에서는 반드시 출구전략이 필요합니다. 사소하더라도 그곳에 존폐의 위기가 도사리고 있다면 반드시 대비를 해야 합니다. 앞서한 번 언급했지만, 부동산 법인도 비슷한 경우가 있습니다. 규모는 작았지만 사태는 더 심각했습니다. 부동산의 낮은 유동성 때문이었습니다. 일반적인 사업은 유동성이 높습니다. 식당도 인수가 쉽게 됩니다. 제조업도 부동산에 비해서는 유동성이 큰 편입니다. 부동산은 유동성이 상당히 적은 사업처이므로 반드시 준비가 필요합니다.

나는 3단변신로봇!
대표, 주주, 근로자

　모든 스포츠는 의사소통이 중요합니다. 야구는 의사소통이 더욱 중시되는 스포츠입니다. 공을 던질 때마다 포수와 투수는 사인을 통해 의사소통을 합니다. 각자의 역할을 잘했을 때 빛나는 스포츠라는 의미이기도 합니다. 사인을 받아야 할 선수가 그 사인을 무시하고 권한을 벗어나면 경기를 망칩니다. 법인도 마찬가지입니다. 권한과 의사소통이 명확히 되지 않으면 효과적인 운영도 쉽지 않습니다. 법인설립자는 보통 세 가지의 권한을 갖습니다. 대표, 주주, 근로자가 바로 그것입니다.

대표의 권한

　대표는 회사의 전반적인 의사결정을 합니다. 너무나 당연한 일인데,

왜 굳이 구분하는 단계가 중요할까요? 대표인 내가 근로자인 내게 퇴직금을 주게 됩니다. 명확한 근거가 없다면 방어가 가능할까요? 과세당국에서 근거를 요구하면 "내 마음이다!"라고 당당하게 외치면 될까요? 대표의 권한으로 회사의 규칙을 정하는 것은 정관으로 가능합니다. 대표의 권한을 구분하지 않으면 향후 이런 문제에 직면했을 때 바른 해법이 나올 수 없습니다.

주주의 권한

주주의 권한 중 가장 일반적인 것은 배당입니다. 투자 자금에 대한 회수입니다. 주주의 권한과 대표의 권한을 동일시해버리면, 배당을 통한 자금흐름이 보이지 않습니다. 배당을 통한 자녀의 자금출처를 만드는 것도 놓치게 됩니다. 대부분 배당을 해본 경험이 없어서 안 할 뿐입니다. 배당의 매력을 느끼게 되면 빼놓을 수 없는 연중행사가 됩니다.

근로자의 권한

근로자의 권한은 다소 소극적인 권한이라고 할 수 있습니다. 대표적인 의료보험 같은 경우 근로자로서 급여를 받기 때문에 급여에 연동된 혜택을 받는다고 생각해볼 수 있습니다. 향후 퇴직금이나 근로자복지, 유족보상금 등은 상속세를 결정짓는 중요한 단서가 될 수 있습니다. 물론 임원으로서 한계도 있지만 근로자라는 명분을 구분지어서 생각해볼 때 다양한 혜택들이 기다리고 있습니다.

사업자에게 법인이라는 것은 참 멋진 운동장입니다. 축구를 좋아하는 사람에게 멋진 잔디구장과 같은 것이 법인입니다. 법인설립을 통해 사업을 영위한다면 이제 진정한 프로 축구선수가 되었다고 보면 됩니다. 단순히 열심히 하는 것에서 끝나는 것이 아니라 다변화된 지위를 잘 활용함으로써 진정한 혜택을 누릴 수 있는 것입니다. 다음의 표로 그 위치를 정리해보겠습니다.

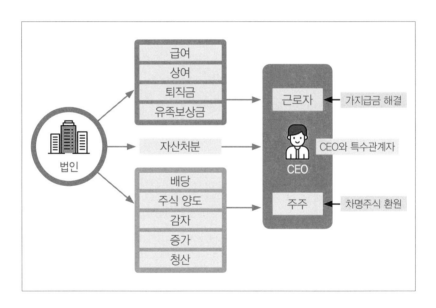

법인의 운영비 처리가
가능한 항목은 무엇인가요?

법인을 운영할 때 세율보다 더 매력적인 것은 비용처리에 대한 부분입니다. 내가 번 돈을 쓰는 것인데, 법인이라는 친구가 내주는 것 같은 기분이 듭니다. 마치 내가 과도하게 낸 세금을 돌려받는 것뿐인데 기분이 좋아지는 연말정산과 비슷합니다. 인정되는 필요경비를 간단히 알아보겠습니다.

인건비

사업을 하면서 가장 부담이 되는 부분이 인건비입니다. 하지만 반대급부로 비용처리를 통해 손실로 처리되는 가장 대표적인 항목이기도 합니다.

처음 사업을 시작해서 가장 망설여지는 부분이 고용입니다. 고용을 통해 사업을 확장하면 좋지만 고정지출이 생긴다는 부담 또한 쉽게 간과할 수 없는 부분입니다. 그래서 대부분 가족에게 업무를 부탁하게 됩니다. 가장 흔한 경우가 배우자나 형제에게 맡기는 것입니다. 이때 발생하는 비용이 법인의 입장에서는 경비기 때문에 비용처리를 하게 됩니다. 인건비에 대한 비과세영역은 다시 한 번 자세히 설명하겠습니다.

임대료

일반적으로 사무실 임대료를 말합니다. 보증금부터 월세, 관리비가 모두 이에 포함됩니다. 1인 부동산 법인의 경우 자택에서 시작하는 경우도 있습니다(쇼핑몰 등 특정한 경우에 한함). 이때도 대표의 집을 법인이 사무실로 쓰기 때문에 임대가 가능합니다. 법인이 대표에게 급여를 줄 때도 세금을 내는데, 대표의 집을 법인이 쓸 때도 정당한 임대료를 내야 합니다. 법인과 대표가 엄격히 분리되어 있다는 점이 단점일 수 있지만, 이런 부분에서는 장점이 될 수도 있습니다. 향후 조건만 맞으면 법인이 제공하는 주택에서 살 수도 있습니다.

차량유지비

법인을 운영하면서 가장 사치스럽게 사용하는 비용이라 생각되는 부분입니다. 개인이 고급차를 사면 왠지 아까운데, 법인자금으로는 고급차를 많이 사게 됩니다. 고급차를 가족이 유용하다가 뉴스를 통해 알려지는 경우가 있습니다. 십중팔구는 법인자금을 활용하는 경우입니다. 차량은 감가상각이 심한 자산입니다. 법인으로 비용처리하면 왠지 돈을 버는 것 같은 착각도 듭니다. 기본 연 800만 원까지 공제가 가능하지만 운행일지를 작성하면 한도가 늘어납니다. 감가상각도 공제가 되니 참고하기 바랍니다.

조금 다른 이야기일 수 있지만, 참고해야 할 점이 있습니다. 법인차량이 되면 개인의 운전경력은 인정이 안 됩니다. 일부 인정되는 범위가 있지만 법인차량만 운전하다가 향후 개인차량 구매 시 보험경력 단절로 보험료가 인상되는 것은 참고해야 합니다.

운영비

사무실 임대료 외에 운영비가 듭니다. 전화요금, 인터넷, 사무용품, 잡비 등이 그것입니다. 휴대폰의 경우도 법인명의면 인정됩니다. 직원이 업무를 위해 지출한 돈도 인정됩니다.

수리비용

부동산 임대 및 매매를 하다보면 수리해야 할 곳이 반드시 나옵니다.

심지어는 도배, 장판교체를 통해 좀 더 많은 수익을 남길 수 있습니다. 개인적으로 부동산을 매매할 때는 도배, 장판교체가 인정이 안 됩니다. 사업자로 등록하면 도배, 장판교체, 싱크대교체, 페인트, 보일러 등 거의 모든 분야에서 인정받을 수 있습니다.

수수료

셀프로 법인을 설립하기도 하지만 일반적으로는 법무사를 통해 법인을 설립합니다. 이 경우 등기비용은 물론이고 각종 수수료도 비용처리가 됩니다. 사업을 운영하는 중에도 세무사, 법무사, 변호사 등 각종 수수료가 많이 발생합니다. 이 모든 비용이 경비처리됩니다. 또한 중개수수료도 일부 인정됩니다.

세율은 정해져 있고 누구에게나 공평합니다. 그렇기 때문에 절세의 공식은 일정 부분 정형화되어 있습니다. 하지만 비용처리 부분은 매년 다르기도 하고, 업태에 따라 다양하기 때문에 잘 활용하면 절세에 많은 영향을 줄 것입니다.

정관은 어떻게
만들어야 하나요?

정관이라는 것은 법인의 규칙입니다. 앞서 말한 것처럼 대표인 내가 근로자인 내게 급여를 주기 위해서 정확한 규정이 필요합니다. 법인은 프로리그기 때문에 내 마음대로 해서는 안 됩니다. 정관이 절대적 권한이 있는 것은 아닙니다. 정관에 기술할 수 없는 분야가 많아서 정관에 모든 것을 담는다는 것은 한계가 있기 때문입니다. 법인설립 시 기본정관으로 시작해서 차후 수정·보완을 거치는 것이 일반적입니다. 처음부터 완벽한 정관은 없습니다. 사업을 운영하면서 완벽하게 만들어가면 됩니다.

방학숙제도 사는 마당에 정관쯤이야!

요즘은 인터넷에서 못 사는 것이 없습니다. 지구 반대편에서 파는 TV를 한 대 사면 며칠 뒤 도착하는 시대입니다. 심지어는 학생들 숙제도 살 수 있습니다. 초등학생의 방학숙제도 인터넷에서 산다는 뉴스를 본 기억이 납니다.

법인정관의 기본 형식은 문서를 파는 사이트에 많이 있습니다. 업종에 따라 수많은 정관들이 있습니다. 부동산 법인에 대한 정관도 어렵지 않게 찾을 수 있습니다. 기본정관에 이름과 날짜, 자본금 정도만 수정해주면 멋진 정관이 됩니다. 정관이라 함은 회사의 규칙인데 이렇게 대충 만들어도 될까요? 네, 됩니다. 기본정관만 정확히 이해하고 법인 설립 시 사용하는 것이 좋습니다. 사족이 많아지면 오히려 문제가 되는 경우가 더 많습니다.

기본정관을 읽어보면 복잡한 내용들이 많은 것 같습니다. 하지만 몇 번 정독해보면 용어가 낯설 뿐 별 내용이 없다는 걸 느끼게 됩니다.

정관, 내 멋대로 해라!

사실 정관은 멋대로 바꿀 수 있습니다. 일부 업종에 따라 정관에 반드시 기재되어야 하거나 변경 시 엄격한 기준이 있는 경우가 있습니다. 하지만 우리가 만들 법인은 개인의 사업과 비슷합니다. 주주가 모여서 주주총회로 바꾸면 됩니다. 우리의 주주는 누구입니까? 대표 혼자이거나 특수관계입니다. 상법에 위배되지 않는 한도에서 바꾼다면 걸림돌이 하나도 없습니다. 정관에 관심을 갖고 공부해보면 법인을 이해하는 데 도움이 됩니다. 하지만 설립 때나 한 번 들여다볼 뿐이지 대부분 다시 보는 일은 드뭅니다. 심지어는 회사이름도 잘못 기재되었는데 그대로 법인설립을 한 경우도 있습니다. 제가 발견할 때까지 그대로 유지했던 분도 있습니다. 마치 결혼앨범 같습니다. 결혼앨범은 찍을 때도 고생! 사진 선택할 때도 고생! 받을 때도 고생! 그렇지만 정작 거의 펼쳐보지 않습니다. 결혼앨범은 이혼할 때도 안 보겠지만, 정관은 법인을 청산할 때 한 번은 보게 되어 있습니다.

처음에는 기본정관으로 시작해서 조금씩 필요한 사항을 보완해가면 됩니다. 정관이 처음부터 눈에 들어오지는 않기 때문에 기본으로 시작하겠지만, 법인운영 중에 꼭 정관을 잘 다듬어보시기 바랍니다.

각서보다 더 중요한 정관

매일 술 먹고 사고 치는 남편에게 익숙한 문서가 있습니다. 바로 각서입니다. 아무 소용없는 요식행위인 것을 알면서도 꼭 받아야 하는 게 각서입니다. 법인을 운영하다보면 각서보다 더 중요한 것이 정관입니다. 기본으로 시작했다고 해서 중요하지 않은 것은 아닙니다. 절세와 관련된 가장 큰 부분이 퇴직금이나 유족보상금 같은 정관입니다. 정관에 퇴직금에 관한 규정을 반드시 둬야 합니다. 이 부분은 다시 언급하도록 하겠습니다.

사원이나 대표가 불의의 사고를 당했을 때 보상해줘야 할 경우도 있습니다. 정관에 의해 보상해주면 보상금으로 비과세요건이 가능할 수도 있습니다. 하지만 그렇지 않으면 명분은 없습니다. 일상에서 크게 문제가 되지 않으나 명분을 소명해야 하는 조사가 있다면 정관만큼 확실한 게 없을 것입니다. 정관에 추가적으로 들어가면 좋은 항목들은 퇴직금, 유족보상금, 사내복지, 직무관련 비과세급여 등입니다. 참고로 정관에서 비과세를 정하는 것은 아닙니다.

동아리에도 회칙이 있습니다. 그러나 대부분은 회칙이 있는지도 모릅니다. 하지만 분쟁이 생기거나 엄격한 잣대가 필요할 때 회칙은 비로소 그 역할을 합니다. 정관도 마찬가지입니다. 기본으로 시작해도 평소에는 아무 문제가 없습니다. 설령 문제가 생겨도 정관을 그 잣대로 삼을 일은 현실에서 많이 없습니다. 하지만 세금의 칼날이 법인에게 겨누어질 때나 횡령의 기준이 모호할 때 정성을 들인 정관이 나를 구원해줄 수도 있습니다.

정관은 어렵게 생각할 필요가 없는 부분임에 확실하지만, 원론을 알고 싶어 하는 사람이 상당히 많습니다. 그래서 원론적인 부분을 정리해보겠습니다. 특히 정관의 효력발생 부분을 참고해서 향후 수정해나가면 됩니다.

● 정관의 뜻
　- 정의 : 회사의 조직·활동에 관한 근본규칙 또는 그 규칙을 기재한 서면
　- 일종의 회사 설계도라고 보면 된다.

○ 정관의 종류

1. 원시정관
- 회사설립 시 최초로 작성하는 정관
- 작성자 및 기명날인 : 주식회사를 설립함에는 발기인이 정관을 작성하여야 한다(상법 제289조 제1항).
- 효력발생 요건 : 발기인 전원의 기명날인 및 공증인의 인증(단, 자본금 10억 원 미만의 발기설립 시에는 공증 불요)

2. 변경정관(=개정정관)
- 회사설립 후 주주총회 특별결의에 의하여 변경된 정관
- 변경정관의 내용은 주주총회 의사록의 의안 속에 또는 주주총회 의사록의 첨부서면에 불과하므로 정관 말미에 별도의 기명날인자는 정해져 있지 않다 (통상 법인명 또는 법인명 및 대표이사명을 쓰고 법인도장으로 날인함).
- 효력발생 요건 : 주주총회 특별결의 → 해당 변경내용이 담긴 의사록이 증거 서면이 됨.
- 설립 시 작성된 원시정관 외의 모든 정관은 변경정관임.

○ 정관 기재사항의 분류

1. 절대적 기재사항
- 정관에 반드시 기재하여야 하고 그 기재가 없거나 위법한 때에는 정관이 무효가 되는 사항

2. 상대적 기재사항
- 정관에 기재가 강제되지는 않지만 정관의 기재가 효력발생의 전제가 되는 것으로 상법이 규정한 사항

3. 임의적 기재사항
- 법률에 저촉되지 않는 범위 내에서 회사의 필요에 의하여 기재한 사항

○ 정관의 변경

1. 정관의 변경은 주주총회의 결의에 의하여야 한다(상법 제433조 제1항).

2. 정관변경 결의는 출석한 주주의 의결권의 3분의 2 이상의 수와 발행주식 총수의 3분의 1이상의 수로써 하여야 한다.

A. **절대적 기재사항**(상법 제289조 제1항)

　　1) 목적 : 예 1. 전자상거래업(등기사항)

　　2) 상호 : 예 주식회사 OOO

　　3) 회사가 발행할 주식의 총수 : 등기사항

　　4) 회사가 설립 시에 발행하는 주식의 총수 : 등기사항(정관은 증자 후에도 변동 없음.)

　　5) 액면주식을 발행하는 경우 1주의 금액 : 등기사항

　　6) 본점의 소재지 : 최소 행정구역까지만 기재 가능

　　　　예 서울특별시, 경기도 고양시 등

　　7) 회사가 공고를 하는 방법 : 회사 공고는 관보 또는 시사에 관한 사항을 게재하는 일간신문에 하여야 한다. 예 OO경제 등

　　　다만, 회사는 그 공고를 정관으로 정하는 바에 따라 전자적 방법으로 할 수 있다. 예 www.0000.com

　　8) 발기인의 성명, 주민등록번호 및 주소

B. 상대적 기재사항

　　1) 변태설립 사항 : 설립 시 현물출자 및 발기인의 받을 특별이익 등에 관한 내용(상법 제290조)

　　2) 주식에 관한 사항

　　　　① 수종(여러 종류)의 주식을 발행하는 경우에 각종 주식의 내용과 수 (상법 제291조, 제344조 제2항, 제344조의 2, 제344조의 3, 제345조, 제346조)

　　　　② 신주의 발행에 관한 주주총회의 결의(상법 제416조 제1항 단서)

　　　　③ 명의개서대리인의 설치(상법 제337조 제2항)

　　　　④ 제3자에 대한 신주인수권의 부여(상법 제418조 제2항)

　　　　⑤ 주식의 양도에 관한 이사회의 승인(상법 제335조 제1항) : 등기사항

　　　　⑥ 주식매수선택권 부여 근거규정(상법 제340조의 2) : 등기사항

　　3) 주주총회에 관한 사항

　　　　① 주주총회 결의사항으로 법정된 것 외의 사항을 주주총회의 결의사

항으로 정하려는 경우(상법 제361조)

② 본점소재지 또는 그 인접지 이외의 지에서 주주총회를 소집할 수 있도록 하는 경우(상법 제364조)

③ 총회의 보통결의 요건을 강화하는 규정을 두는 경우(상법 제368조)

④ 서면에 의한 주주의 의결권의 행사방법(상법 제368조의 3)

⑤ 주주총회의 의장에 관한 사항(상법 제366조의2 제1항) 등등

4) 이사와 이사회 및 감사에 관한 사항

① 이사회의 소집통지기간의 단축 규정(상법 제390조 제3항)

② 이사회의 결의요건의 가중(상법 제391조 제1항 단서)

③ 결산기부터 정기주주총회 기간 내 임기만료 이사에 대한 정기주주총회 시까지 임기연장 규정(상법 제383조 제3항)

④ 소규모 회사의 2인 이사 중 대표이사를 두는 경우(상법 제383조 제6항)

⑤ 주주총회에 의한 대표이사의 선임(상법 제389조 제1항 단서)

⑥ 감사 선임 시 의결권 제한요건 강화(상법 제409조 제3항) 등등

→ 직접적인 등기사항은 아니지만, 임원 변경과 같은 등기사항에 있어서 해당 정관규정에 따라 선임요건이나 임기 등이 달라지므로 주의를 요함.

5) 기타 사항

① 회사의 존립기간 또는 해산사유(상법 제517조) : 등기사항

② 중간배당에 관한 규정(상법 제462조의 3 제1항)

③ 신주발행 또는 준비금의 자본전입을 주주총회 결의로 하는 경우(상법 제416조 제1항 단서, 제461조 제1항 단서) 등등

3. 정관의 효력발생

정관은 공증인의 인증을 받음으로써 효력이 생긴다. 다만, 자본금 총액이 10억원 미만인 회사를 제295조 제1항에 따라 발기설립하는 경우에는 제289조 제1항에 따라 각 발기인이 정관에 기명날인 또는 서명함으로써 효력이 생긴다.

현물출자,
포괄양수도는 무엇인가요?

사업을 처음 시작할 때 법인부터 설립하는 경우는 드뭅니다. 부동산 법인처럼 절세를 위해 처음부터 법인을 설립하기도 하지만 대부분은 개인사업으로 시작합니다. 그런데 처음부터 법인으로 시작하는 경우는 대부분 현금으로 자본금을 출자합니다. 자본금 제한이 없으니 굳이 현물을 출자할 필요를 느끼지 못합니다. 현물출자나 포괄양수도는 이 자본금에 관한 내용입니다.

집을 팔아 사업 시작! - 현물출자

드라마나 영화에서 집을 담보로 사업을 시작했다가 사업이 어려워지고 집에 빨간딱지가 붙는 장면을 심심치 않게 볼 수 있습니다. 사업은 초기 투자 비용이 있기 때문에 기본적인 자본금이 필요합니다. 법인으로 사업을 시작할 때도 적지 않은 금액이 필요합니다. 가수금 없이 사업을 해보려면 최소 1억 원이라는 자본금이 필요할 것입니다. 하지만 현금 1억 원을 갖고 있는 사람이 얼마나 될까요? 이때 자본금을 집으로 대신하는 것이 현물출자입니다. 꼭 집이 아니더라도 동산, 채권, 유가증권, 특허권 등 말 그대로 현금이 아닌 현물로 법인자본금을 출자하겠다는 의미입니다. 법인을 설립하기 전에 매수했던 집을 법인의 자본금으로 쓰는 것입니다. 현물출자는 공식적인 감정도 받아야 하고 이를 법원에서도 인정해줘야 합니다. 절차가 상당히 복잡합니다. 즉 전문가와 반드시 상담이 필요합니다. 비용도 상대적으로 많이 듭니다. 현물의 가치는 정해지지 않았기 때문에 현물의 평가절하나 평가절상에서 오는 손익은 고스란히 법인에 영향을 끼칩니다. 그래서 공식적인 절차가 매우 엄격합니다.

내가 다 사줄게! - 포괄양수도

법인은 하나의 친구라고 했습니다. 인격이 그대로 있는 친구입니다. 그래서 내 사업을 법인으로 이전하려면 대가가 필요합니다. 내 사업을 통째로 법인이 사가는 것을 말합니다. 현물출자보다는 간단한 방법이지만, 이것 또한 일반적인 법인설립보다는 다소 복잡한 과정이 필요합니다. 가장 걸림돌이 되는 것은 사업을 사올 만한 자금입니다. 내 사업을 내가 사오는 형태이긴 하나, 자금의 출처가 반드시 필요합니다. 예를 들어 자녀에게 부동산을 넘겨줄 때 진정한 매매로 인정받기 위해서는 자금흐름이 필요합니다. 설령 그 자금을 부모가 증여하더라도 말입니다. 증여 시 증여세까지도 증여해야 합니다. 법인도 마찬가지입니다. 법인이라는 친구, 여기서는 자녀가 내 사업을 양도해 가는 과정이기 때문에 법인자금으로 내 사업을 매수하는 형태로 법인을 설립하는 것입니다. 그나마 세금감면이 있어서 '세감면 포괄양수도'라고도 합니다.

초보운전 드리프트하는 소리!

처음 운전할 때는 세상 모든 차들이 흉기로 보입니다. 사이드미러 보기를 저승사자 보듯 하며 앞만 보고 나아갑니다. 주차할 곳을 찾다가 평행주차 자리를 보면 애써 외면하고 넓은 주차자리를 찾습니다. 현물출자와 포괄양수도를 시도하라는 것은 초보에게 드리프트해보라는 소리와 같습니다. 반드시 전문가의 도움이 필요한 부분입니다.

법인의 설립형태를 두 가지만 정리해봤습니다. 우리는 대부분 자본금 1,000만 원 짜리 법인을 현금출자로 만들 것이기 때문입니다. 부동산 법인은 1,000만 원에서 1억 원 수준의 현금출자 법인으로 시작해보기를 권합니다. 다시 말하지만, 현물출자나 포괄양수도는 초보운전이 드리프트하는 소리입니다. 그러나 혹시라도 드리프트를 준비하는 분을 위해 세부적인 것을 정리해봤습니다.

조세특례 적용 법인전환 절차

현물출자 방식	양수도 방식
순자산가액 산출	순자산가액 산출
현물출자 가액 및 법인자본금 결정 현물출자 계약 검사인 조사	
법인설립	법인설립
	양수도 결정(주주총회) 양수도 계약
개인사업자 폐업	개인사업자 폐업

표를 살펴보면 차이를 알 수 있습니다. 현물출자는 설립 전 절차가 많고 양수도는 설립 후 매각해오는 과정이 있습니다. 다음은 법인전환의 유형별 조세를 표로 정리한 것입니다.

법인전환의 유형별 조세

구분	일반현물출자 · 사업양수도	조세특례 중소기업간 통합 (조특법 제31조)	조세특례 현물출자 (조특법 제32조)	조세특례 사업양수도 (조특법 제32조)
양도소득세	과세	이월과세	이월과세	이월과세
부동산 · 차량 취득세	과세	면제 (농특세 과세)	면제 (농특세 과세)	면제 (농특세 과세)
법인설립 등록세	과세			
부가가치세	과세 (포괄양도 제외)	과세 제외	과세 제외	과세 제외
인지세 · 면허세	부담			
국민주택채권 매입의무	부담	면제 (신설 유형)	면제	부담
개인사업기간 인정	인정 안 됨.	인정	인정	인정
세액감면 잔존기간 · 미공제세액 이월	승계 안 됨.	승계	승계	승계
준비금 · 이월결손금	승계 안 됨.			
재고자산 소득세	과세			

법인설립 절차

이제 법인을 설립해보겠습니다. 법인을 설립한다는 것은 생각보다 단순하지만, 그래도 해야 할 일들이 많습니다. 사업을 하다보면 법인을 설립할 일이 한 번으로 그치지는 않을 것입니다. 한 가지 업종에만 종사하더라도 다양한 법인을 만들 기회가 생길 것입니다. 혹은 수입의 분산을 위해 다른 법인을 세워야 할지도 모르겠습니다.

약은 약사에게
법인설립은 전문가에게

'산은 산이요, 물은 셀프로다.' 식당에서 흔히 볼 수 있는 문구입니다. 물도 셀프고, 인테리어도 셀프고, 아침밥상은 당연히 셀프인 시대가 되었습니다. 이런 시대에 법인이라고 셀프가 힘들까요? 그렇지 않습니다. 온라인상에 정보가 많이 공개되어 있고 절차도 복잡하지 않기 때문에 그리 어려운 일은 아닙니다. 그럼에도 법인설립은 전문가에게 맡기라고 권하고 싶습니다. 처음이 중요하기 때문입니다. 저도 몇 번 셀프를 권한 적이 있지만, 아무래도 처음 접하다보면 생각지도 못한 실수들을 범하게 됩니다. 그럴 때마다 시간과 비용을 지출하면 시작부터 지칠 수 있습니다. 차라리 전문가에게 맡기고, 그 과정을 함께하면서 학습하기를 권합니다. 이제부터는 법인이 설립되는 과정을 함께해보겠습니다.

① 상호 정하기

우선은 상호를 정하는 것이 제일 처음입니다. 상호라는 것이 별것 아닌 것 같지만 상당히 많은 의미를 내포합니다. 행정적으로는 중복되면 안 되는 것도 있지만 이름에 따라 마음가짐이 달라지는 것도 무시할 수 없습니다. 자녀의 이름을 걸고 만든 법인을 대충 운영하는 분을 본 적이 없습니다.

법인명은 생각보다 많은 것을 결정하게 됩니다. 많은 법인대표들이 상호에 대한 이야기만 두세 시간 할 수 있습니다. 그만큼 사연이 많다는 말입니다. 너무 유행에 치우쳐 짓게 되면 몇 년 뒤에는 다소 민망할 수도 있습니다. 특히 부동산 법인은 경·공매 시 법인의 이름이 공개적으로 노출됩니다. 너무 장난스럽게 짓는다거나 가벼운 이름이라면 향후 명도에도 지장을 줄 수 있습니다. 상호를 통해 무게를 주는 것이 별거 아닌 것 같아도 상당히 도움이 됩니다.

또한 알아듣기 어려운 법인도 있습니다. 특히 영문으로 된 법인 같은 경우에는 오기로 인한 불편함이 상당히 많습니다. 전화통화로 법인상호를 말할 때 초성중성을 불러줘야 하는 불편함을 매번 겪을 수도 있습니다. 영문법인도 한글로 발음하기 쉬운 법인이 유리합니다. 수많은 법인을 만나봤지만, 고민 안 하고 상호를 정한 경우는 분명 후회하게 됩니다. 법인명의 중복을 피하고 싶으면 대법원인터넷등기소(www.iros.go.kr)를 통해 검색해보면 됩니다. 홈페이지 첫 화면 하단에 '법인상호 검색'이 있습니다.

② 인감도장 만들기

법인은 하나의 인격체이지만 실체는 없습니다. 그래서 자필서명이라는 것이 불가능합니다. 그래서 인감을 반드시 만들어야 합니다. 상호를 정했다면 그것을 토대로 인감도장을 만들면 됩니다. 법인설립 시 다양한 서류에서부터 사용해야 하기 때문에 미리 만들어두면 좋습니다. 참고로 최근에는 도장집이 많이 없어졌지만, 온라인상에서 법인도장을 주문할 수 있는 곳이 많이 있습니다.

법인의 모든 책임은 인감에서부터 시작됩니다. 그렇기 때문에 인감도장 관리를 상당히 잘 해야 합니다. 인감도장을 잘못 찍으면 존폐 위기까지 가게 될지도 모릅니다. 인감을 잘 관리하고 싶은데 사용빈도가 많아 상당히 번거롭습니다. 특히 회계처리에서 사용해야 할 경우가 많기 때문에 직원에게 인감을 맡기는 경우가 많습니다. 상당히 불안한 관리임을 부인할 수 없습니다.

그런 이유로 만드는 것이 사용인감입니다. 쉽게 생각하면 인감의 보조역할을 한다고 보면 됩니다. 특히 법인통장은 대부분 직원이 관리하는 경우가 많습니다. 부동산 법인의 경우에도 위임을 통해 타인에게 업무처리를 맡겨야 하는 경우가 많습니다. 이런 경우 법인통장도 사용인감으로 만들어두면 사용인감을 통해 통장관리가 가능하기 때문에 상당히 유용합니다.

③ 본점주소지 정하기

일반적인 법인은 사무실을 본점주소로 등록하면 됩니다. 부동산 법인은 주소지에 따라 과세가 달라집니다. 앞에서 언급했던 것처럼 대도시에 본점이 있는 법인이 대도시 내의 물건을 매수할 경우 취득세가 중과됩니다. 수도권은 과밀억제권이라고 생각하면 됩니다.

그렇다면 어떻게 중과를 피해야 할까요? 5년을 버티면 됩니다. 최근에는 소호사무실도 많이 사용하지만, 당장 본점주소지를 만들 수 없다면 5년 간 과밀억제권 외를 매수하시면 됩니다.

④ 회사의 목적과 주주 정하기

회사의 목적이 중요하다는 다소 감성적인 이야기를 해보겠습니다. 부동산 법인을 만드는 이유는 부동산 매매차익과 임대수익을 높이기 위함이라는 막연한 생각이 전부일지 모릅니다. 목적을 세분화하지 않으면 성공하기 어렵습니다. 부동산 사업소득이라 하더라도 수십 가지로 세분화가 가능합니다. 분양시장, 임대시장, 매매시장, 경·공매시장 등등 다양한 분야의 소득이 있습니다. 부동산 사업이 종합적인 분야이기 때문에 첫 삽을 어디서 뜨느냐가 상당히 중요합니다.

세분화된 목표가 있다면 주주의 구성도 바뀌게 됩니다. 단순 절세만을 위한 법인이라면 1인 법인이 되어도 좋지만, 내 부동산 법인과 가족 사업이 결합된 형태라면 주주의 구성이 바뀌게 될 것입니다. 예를 들어 인테리어 사업을 하던 사람이 부동산 법인을 통해 확장을 생각하고 있을 때 가족을 주주로 넣으면 유리합니다. 초기에 수익이 정해져 있기 때문에 지출을 만들고 시작하는 것입니다. 이미 부동산 자산이 많은 상태에서 법인을 설립할 때도 마찬가지입니다.

⑤ 자본금 정하기

자본금 설정은 가장 단순하면서도 생각을 많이 하게 하는 부분입니다. 적은 금액으로 시작하자니 당장 수억 원짜리 부동산을 상품으로 하는 법인이라 가벼워 보이고, 큰 자본금으로 시작하자니 타인에게 큰돈을 맡기는 느낌이라서 망설여집니다. 투자를 처음 시작하는 부동산 법인이라면 1,000만 원에서 1억 원 사이로 설립하면 적당합니다. 앞서 말한 것처럼 법인설립은 단 한 번으로 끝나지 않을 것입니다. 사업이 잘 안 되서 유야무야되지 않는 이상 법인설립은 또 다른 법인설립을 부르게 됩니다.

⑥ 정관과 각종 서류

앞에서 언급한 것처럼 정관을 구하는 것은 어렵지 않습니다. 표준정관에 상호만 바꿔도 나쁘지 않습니다. 정독하면서 필요한 내용을 첨가하면 됩니다. 사업이 처음이라 첨가할 내용이 생각나지 않는다면 차차 수정해나가면 됩니다. 앞서 법인설립 목적이 명확하다면 정관을 통해 방향을 정하면 되지만, 그렇지 않아도 향후 수년간은 정관 때문에 문제될 일은 없습니다.

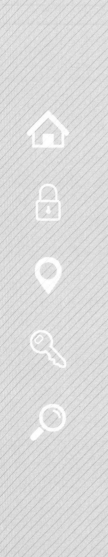

효율적인
법인운영

서류만 믿다가 큰코다치는 비용처리
- 실질과세원칙

　법인의 장점 중 하나가 비용처리 항목이 다양하다는 것입니다. 사실상 모든 비용이 비용처리가 된다고 봐도 과언은 아닙니다. 인건비, 사업장 임대료, 인테리어 비용, 차량유지비, 통신비, 비품구입비 등 상당히 많은 부분에서 비용처리가 됩니다. 법인을 위해 쓴 자금이 비용처리가 되는 것이 이상한 일은 아닙니다. 심지어 법인설립 비용도 비용처리가 가능합니다. 특히 많이 간과하는 부분이 차량에 대한 감가상각입니다. 법인은 리스나 장기렌트를 많이 하기 때문에 자차에 대한 감가상각을 놓치는 경우가 있습니다. 그리고 법인명의로 대표의 휴대폰을 만드는 경우도 있습니다. 다만 휴대폰 개인인증은 불편합니다. 법인명의 휴대폰은 이점에서 상당히 불편하니 참고하기 바랍니다.

　물론 한도는 주의해야 합니다. 예를 들어 접대를 좋아하는 대표가 거래처 직원들과 진정한 접대를 하더라도 한도가 있습니다. 중소기업은 기본

2,400만 원에서 매출에 연동됩니다. 비용처리를 할 때 서류상 완벽한 것이 전부는 아닙니다. 진정한 비용처리는 명확한 근거가 있어야 합니다.

법인은 조기축구가 아닌 프로리그!

운동을 싫어하지 않는 이상 남자들은 조기축구에 한 번 정도는 나가봤을 것입니다. 조기축구에 나가보면 인원이 부족하면 부족한대로 경기를 시작합니다. 경기 중간에 동네 어르신이 오면 막내가 선수교체를 해주기도 합니다. 경기가 한창 무르익을 때 회장님이 간식을 사들고 오면 경기 중에 우르르 몰려가서 한입씩 먹곤 합니다. 참 정겨운 조기축구의 모습입니다.

그렇지만 법인은 조기축구가 아닌 프로리그입니다. 프로에서는 세 명밖에 선수교체가 되지 않습니다. 세 명을 다 바꾸고 나면 골키퍼가 부상을 당해도 절대 바꿀 수 없습니다. 골키퍼가 퇴장을 당하면 수비수 중 한 명이 골키퍼장갑을 끼고 골문을 지켜야 합니다.

대다수가 법인의 비용처리에 관심이 많고 서류는 잘 준비합니다. 하지만 서류보다 우선되는 것이 바로 '실질과세원칙'입니다. 아무리 서류상 완벽해도 법인을 위한 지출임을 증빙하지 못하면 비용처리가 안될 수도 있습니다. 특히 가지급금의 이자부분은 비용처리를 한다 해도 세무조정에서 손금불산입됩니다.

제가 상담했던 한 법인은 매주 월요행사가 있었습니다. 총무직원 중 한 명이 월요일 오후에 사모님을 모시고 장을 보는 것입니다. 집 근처

마트에서 장 본 영수증은 비용처리가 안 된다는 이야기를 듣고 매주 월요일마다 회사에 나와서 일주일치 장을 보고 갔던 것입니다. 저는 대단하다고 생각했습니다. 같은 마트 영수증이라도 실제 어디에 썼느냐를 찾아보기 때문에 이런 수고를 마다하지 않았던 것 같습니다. 실제로 카드 사용위치까지 문제가 되는 경우는 흔하지 않습니다. 하지만 누군가 의심을 한다면 그에 대한 소명책임은 사용자에게 있습니다.

개인사업 시절 비용처리에 대한 세금문제는 추계를 통한 간편장부로 세금신고를 합니다. 쉽게 말해 대충해도 됩니다. 큰 틀에서 벗어나지 않으면 인정받았습니다. 그런 습관대로 법인을 운영하다보면 자칫 세금폭탄을 맞을 수 있습니다. 서류가 아무리 완벽해도 과세당국의 증빙요청에 응하지 못하면 세금폭탄을 준비해야 합니다.

군이 세금폭탄이라고 말할 필요까지 있을까요? 세금의 크기는 상대적이라 세금총알이 될지 세금폭탄이 될지는 모르겠지만, 기존에 내야 할 세금보다는 훨씬 많이 내게 됩니다. 바로 가산세나 연체이자 때문입니다. 세금의 종류마다 그 범위는 다르지만 올해 안 낸 세금을 독촉하지는 않습니다. 세금의 채권소멸시효가 보통 5년이기 때문에 올해는 5년 전 미납세금을 정리하고 있을 것입니다. 올해 신고하지 못한 세금은 4~5년 뒤에 문제가 될 것입니다.

상당히 많은 내용을 짧게 정리하려다보니 수박 겉 핥기라는 생각이 들지도 모르겠습니다. 그러나 법인을 이제 시작하는 초보 투자자라면 이 정도만 기억해도 됩니다. 법인의 세금은 비용처리를 많이 하는 게 우선이 아니고, 정확하게 신고해야 합니다. 개인사업자가 세금을 신고하는 것처럼 하다간 결국 후회하게 됩니다.

법인차량은 어떻게
관리해야 하나요?

법인에게 자동차는 상당히 매력적인 아이템이라고 할 수 있습니다. 차를 좋아하는 일부 남자들만의 이야기일까요? 아닙니다. 자동차라는 자산은 가장 감가상각이 심한 자산 중 하나이기 때문입니다.

너는 차를 사라,
나는 집을 살 테니!

사회초년생 두 명이 어렵게 5,000만 원의 종잣돈을 모았습니다. 차돌이는 차를 사고, 집돌이는 대출 1억 원을 받아 1억 5,000만 원짜리 집을 샀습니다. 5년의 시간이 흘렀습니다. 5,000만 원짜리 차는 얼마가 되었을까요? 한 번도 교통사고가 안 났다 하더라도 2~3,000만 원의 중고차가 되었을 것입니다. 그동안 기름값도 많이 썼을 것입니다. 1억 5,000만 원짜리 집을 산 집돌이는 어떻게 되었을까요? 시세가 변동이 없다고 하더라도 원금은 지켰을 것입니다. 만약 시세가 상승했다면 몇 천만 원은 쉽게 올랐을 것입니다. 대출이자가 나간다고 하더라도 월세를 아꼈다면 이자보다는 이득일 것입니다. 차는 감가상각이 심한 자산이기 때문에 개인자산으로 편입시켜놓으면 상대적으로 불리합니다. 그래서 법인명으로 할 수 있다는 것은 상당히 매력적인 일입니다. 어차피 법인은 비용을 써야 하는 숙명이기 때문입니다.

차량 구매를 위해서는 초기에 구매비용 및 취득세, 보험료가 필요합니다. 차를 타고 다닐 때는 유류비와 수리비, 보험료가 들어갑니다. 이런 모든 비용을 법인비용으로 처리할 수 있습니다. 과거 차량에 대한 비용에는 한계가 없었습니다. 비리 공직자의 아들이 고급스포츠카를 탄다면 십중팔구는 법인의 차입니다. 거리에 돌아다니는 억대 스포츠카의 절반 이상은 법인차량입니다. 자금출처가 명확해야 할 사람들의 사치품 통로이기도 했습니다. 하지만 최근에는 차량에 대한 비용이 1,000만 원으로 제한되었습니다. 차량운행일지를 작성하면 그 한도도 없어지게 됩니다. 차량 감가상각은 5년 동안 800만 원 정도로 책정됩니다. 차량에 대한 비용처리는 법인과 개인사업자가 동일합니다. 운행일지의 작성요령은 간단합니다. 업무용으로 사용되는 목적과 운행기록을 형식에 구애 없이 작성하면 됩니다. 일지 양식은 온라인에서 쉽게 찾을 수 있습니다.

법인차량을 생각하면 대부분 렌터카나 리스를 생각합니다. 이 또한 비용처리의 한 방식입니다. 개인이 소유하는 자산이 아니기 때문에 자산으로 책정되지 않는 장점이 있습니다. 요즘에는 렌터카나 리스사에서 차량관리까지 해주기 때문에 법인에서 많이 사용합니다. 가정에서 정수기를 구매할 수도 있지만 렌트할 수도 있는 것과 동일하다고 보면 됩니다. 형태의 차이에 따른 금융상품이라고 보면 됩니다.

대표의 급여가 낮은 것이
절세에 유리한가요?

　법인설립으로 사업을 시작하면 형식적으로는 대표이사입니다. 처음부터 큰 자본금으로 수억 원대 부동산을 거래하기도 하겠지만, 일반적인 경우는 개인의 현금흐름과 크게 다르지 않을 것입니다. 더욱이 절세를 위한 법인이기 때문에 소득세를 많이 내게 되면 그 의미가 많이 퇴색됩니다. 그래서 대표의 급여도 최저시급 수준으로 시작합니다. 절세를 위해서라면 너무나도 현명한 선택입니다. 최저 세율인 6%의 적용을 받는다면 절세적인 면에서는 100점을 주고 싶습니다. 하지만 사적으로 법인카드를 사용하는 일이 늘어날 것입니다.

대표를 억대 연봉자로
만들어주는 남자

저는 수많은 법인의 재무제표를 분석하고 정관을 확인합니다. 그리고 가장 흔한 솔루션이 대표를 억대 연봉자로 만들어주는 것입니다. 근로소득자의 로망이 바로 억대 연봉입니다. 저는 쉽게 억대 연봉자로 만들어드립니다. 물론 다들 쉽게 납득하지 못합니다. 절세를 위해 급여를 낮춘 것인데, 과도한 소득세를 내면 무슨 의미가 있냐고 생각하십니다. 1억 원의 연봉을 받으면 기본 세율만 35%이기 때문에 법인으로 아낀 세금을 다시 내는 것 같은 기분이 듭니다.

그럴 때 저는 재무제표에 있는 가지급금을 보여줍니다. 상당히 많은 가지급금이 있습니다. 대표의 급여가 낮기 때문에 기본적인 생활도 힘들어집니다. 전부 비용처리가 되는 것은 아니기 때문에 가지급금이 눈덩이처럼 쌓여 있습니다. 수년 동안 쌓아온 경우 쉽게 처리되지 않습니다. 급여가 적어서 가지급금이 쌓이지 않을 정도의 급여는 받아야 합니다.

일반적으로 4,600만 원의 급여를 제일 많이 책정합니다. 15% 세율이면 적당하기 때문입니다. 하지만 사내유보금이 계속 쌓인다 싶으면 적당히 급여를 올리는 것이 좋습니다. 법인의 돈을 개인에게 이전시키는 좋은 방법 중 하나가 퇴직금입니다. 과거에는 퇴직금 중간정산이 가능해서 많이 활용했는데, 이제는 퇴직금 중간정산은 불가능합니다. 퇴직금이 좋은 이유는 공제항목이 많기 때문입니다. 여기서 염두에 둬야 할 부분이 있습니다. 퇴직금 인정 비율이 퇴직 직전 3년 급여에 연동이 됩니다. 퇴직을 준비하고 있다면 적정수준에서 급여를 높여둬야 합니다.

또한 배당도 적절히 활용해야 합니다. 단기수익이 급증해서 급여를 올리기엔 무리라고 생각된다면 배당도 잘 활용하기 바랍니다. 제가 만나본 대다수의 법인대표들이 배당이라는 것을 해본 경험이 없습니다. 특별한 절차가 필요한 것도 아닌데 경험이 없기 때문에 안 하는 경우가 많습니다. 세무사도 딱히 추천해주지는 않습니다. 회사재정이 언제 악화될지 모르고, 사족이 될 수도 있기 때문입니다. 부동산 법인은 전략적으로 재무를 악화시켜야 할 때가 있습니다. 배당은 좋은 무기입니다. 1년에 한 번 정기배당은 잘 활용하면 많은 도움이 될 것입니다.

착해서 결혼했는데, 부동산 부자였어?

배우자를 고르기 위해 한 청년이 길을 떠났습니다. 무조건 착한 사람을 찾아다녔습니다. 착한 사람을 만나서 결혼했는데, 알고 보니 부동산 부자였습니다. 이처럼 기쁜 일이 또 있을까요?

법인은 이런 배우자입니다. 절세를 위해서 시작했는데, 다양한 활용이 가능한 사업파트너였던 것입니다. 그래서 절세 때문에 대표를 최저시급을 받는 사람으로 만들지 않아도 됩니다. 억대까지는 아니더라도 적정수준에서 급여를 받고, 배당을 잘 활용하면 됩니다.

직원급여 및 관리는
어떻게 해야 하나요?

아는 것이 힘입니다. 알아야 누릴 수 있는 혜택이 많기 때문입니다. 우리나라는 노인을 공경하는 나라입니다. 65세가 넘으면 지하철을 무료로 탈 수 있습니다. 이러한 사실을 모르고 65세가 넘었는데도 계속 표를 사서 지하철을 타는 사람도 있을지 모르겠습니다. 일일이 확인하고 표를 판매하지 않기 때문에 자기가 챙기지 않으면 혜택은 누릴 수 없는 것입니다.

알아서 버릴 게 없는 것 중에 세금만한 것도 없습니다. 같은 직장에서 같은 급여를 받아도 실수령액은 큰 차이가 나기도 합니다. 예를 들어 100만 원씩 똑같이 급여가 책정된 직원이 있다면 A회사에 다니는 직원은 100만 원에 대한 소득세를 전부 내야 합니다. B회사에 다니는 직원은 70만 원에 대한 소득세만 내도 됩니다. B회사는 식대 10만 원과 자가운전보조금 20만 원을 따로 분리해서 회계처리하기 때문입니다.

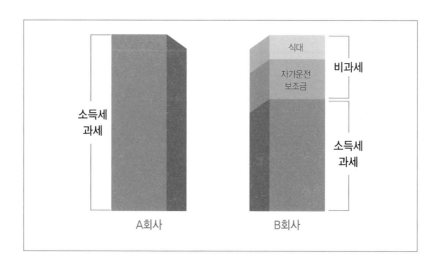

식대

자가운전
보조금

비과세

소득세
과세

소득세
과세

A회사   B회사

소득세법 제12조에 보면 비과세대상 소득은 소득세를 과세하지 않는
다고 정해져 있습니다. 절세도 아닌 비과세를 해주겠다는데 굳이 소득
세를 더 낼 필요가 없습니다. 법인의 입장에서도 유리합니다. 소득이
줄어드는 효과가 나기 때문에 4대보험 절감의 효과도 있습니다. 직원
이 한두 명이면 큰 금액은 아니지만, 법인의 규모가 커져 4대보험료가
커지면 상당히 유리한 부분이 아닐 수 없습니다. 그럼 비과세항목을 몇
가지만 정리해보겠습니다.

◎ **식대** : 식대의 경우 근로자가 사내급식 또는 이와 유사한 방법으로
제공받는 식사를 말합니다. 기타음식물 등을 제공받지 않는 경우
월 10만 원 식대를 비과세합니다.

◎ **자가운전보조비** : 자가운전보조금은 종업원의 소유차량을 종업원이
직접 운전해 사용자의 업무수행에 이용할 경우 월 20만 원 한도

내에서 비과세합니다. 이때 타인명의 차량 혹은 배우자 이외의 공동명의 차량은 포함되지 않습니다.

● **벽지수당** : 근무요건이 열악한 지역에서 근무하는 자에 대한 수당이라고 볼 수 있습니다. 월 20만 원 이내 금액에서 비과세합니다.

● **연구보조비** : 연구활동에 관한 비용을 월 20만 원 한도 내에서 비과세합니다.

● **연장·야간 근로수당** : 일정 급여 이하의 근무자들에게 연장, 야간, 휴일근로를 해 받는 급여 중 연간 240만 원 한도 내에서 소득세를 비과세합니다.

● **자녀보육수당** : 6세 이하 자녀 보육과 관련해 월 10만 원 한도에서 비과세합니다.

● **학자금** : 자녀의 학자금이 아닙니다. 업무와 관련 있는 교육이나 훈련에 관한 비용은 비과세합니다.

● **보험료** : 근로자를 위한 보험료 중 연간 70만 원 한도로 비과세합니다.

● **사택제공이익** : 회사가 사택을 제공할 때 비과세합니다. 하지만 주주 여부나 임차 여부에 따라 조건이 다르기 때문에 세부확인이 필요합니다.

● **경조비** : 사원이나 거래처의 경조사비용은 비과세하며 한도가 있습니다.

특히 법인 중에는 특허가 있는 곳이 있습니다. 이런 경우 직무발명보상금도 비과세이므로 잘 활용하기 바랍니다. 모두 법인이 누릴 수 있는 혜택입니다

자녀에게 일을 시키면
돈을 줘야 하나요?

앞에서 언급한 급여에 관한 내용을 좀 더 자세히 다뤄보도록 하겠습니다. 부모자식 간에 돈거래 하면 안 된다! 이게 우리나라 정서였는지 모릅니다. 하지만 법인은 믿을 만한 친구일 뿐 가족은 아닙니다. 향후 법인의 매출이 커지면 법인자금을 개인소득으로 가져오는 것이 제일 큰 과제입니다.

가족이 법인에 기여해 정식으로 급여를 주는 것은 상당히 바람직한 일입니다. 하지만 대부분 가족 간의 증여로 취급될까봐 꺼려하는 경향이 있습니다. 전혀 걱정하지 않아도 되는 부분입니다. 오히려 일을 시켰는데 급여를 주지 않는 것은 바람직하지 않습니다.

식당 법인이 이런 경우가 많습니다. 대표는 급여를 받지만, 그 부인이 매일 나와서 청소하고, 카운터도 보는데 급여가 없다는 이야기를 듣고 놀란 적이 있습니다. 더군다나 주말이 되면 자녀들도 나와서 서빙한다고 합니다. 그 대표분은 급여로 주면 세금을 줘야 하는데, 용돈을 주면 세금이 없지 않느냐고 반문했습니다. 어떻게 보면 맞는 이야기 같지만 그 용돈은 이미 소득세를 내고 주는 것이기 때문에 세금이 없다고 할 수는 없습니다. 오히려 법인의 자금을 개인소득으로 전환하는 중요한 통로를 활용하지 않고 있다고 볼 수 있습니다.

특히 자녀들에게 주는 돈은 증여로 오해받을 소지가 있기 때문에 급여로 비용처리를 안 하는 경우가 많습니다. 전혀 그럴 필요가 없습니다. 아르바이트 비용을 적절하게 지급하고, 정당한 서류로 남겨두면 됩니다. 자녀에게 소득구조가 생기면 향후 자금출처에 대한 부분이 소명되기 때문에 활용범위가 상당히 넓습니다. 특히 부동산 같은 등기자산을 만들 때 상당히 유리합니다.

고작 아르바이트 비용으로 뭘 해!?

자녀가 아르바이트로 매년 500만 원씩 모은다고 가정하면 3년이면 1,500만 원입니다. 고등학교를 졸업할 때 지방에 작은 원룸을 대출 끼고 매수한다면 그 월세는 자동적으로 자녀의 수입이 됩니다. 30대가 되었을 때는 그렇게 쌓인 자산이 얼마가 될지 모릅니다. 특히 자금출처가 명확하기 때문에 증여세에 관한 걱정을 안 해도 됩니다.

가지급금 처리를 위해 결혼?

가지급금이 2억 원 있다고 가정해보겠습니다. 가지급금은 빚이나 마찬가지입니다. 그동안 무임금의 노동만 시켰던 부인에게 4,000만 원의 급여를 주십시오. 그 자금으로 가지급금을 갚아나간다면 5년 안에 해결되지 않을까요? 그리고 부부싸움을 할 때 가끔 이런 소리를 들을지도 모릅니다. "가지급금 갚으려고 나랑 결혼했어? 이 인간아!" 틀린 소리도 아니지만, 법인을 만들 때 어쩔 수 없이 지출했던 가지급금을 해결해주는 은인이라고 생각하면 화해의 계기가 될지도 모릅니다.

유태인과 탈무드

우리 민족은 세계 어디를 가도 근면하고, 그 똑똑함을 인정받습니다. 하지만 세계에서 가장 인정받는 민족은 유태인입니다. 민족성 자체로만 보면 우리보다 게으르다는 생각도 들지만, 왜 유태인이 세계의 경제를 장악하고 인정받는 민족이 되었을까요? 여러 이유가 있지만 탈무드에 그 명확한 이유가 나옵니다.

법인 이야기에서 갑자기 왜 탈무드 이야기를 할까요? 탈무드에는 경제관에 대한 이야기가 많이 등장합니다. 특히 유태인들은 어릴 때부터 자녀에게 경제관념을 심어줍니다. 돈을 만져보게 하고 관리하게 합니다. 우리나라는 어떤가요? 부모자식 간에 돈 이야기하는 것은 금기입니다. 부모는 경제적으로 힘들어도 자식 기죽을까봐 재정상황을 혼자 감당합니다. 장년의 자녀가 경제적으로 힘들어서 노년의 부모가 조금 더 일하기를 원하면 거두절미하고 불효자 소리를 듣습니다. 부모가 돌아가시기 전에 상속재산 이야기를 하면 혼쭐이 납니다. 그래서 수억 원대의 상속세도 모르고 있다가 폭탄을 맞게 되는 경우가 상당히 많습니다.

"부자가 되기 위해서 돈은 ○○○ 된다."

○○○ 안에 어떤 단어를 넣겠습니까? 우리는 "모으면"으로 대답하고, 유태인은 "굴리면"으로 대답한다고 합니다.

법인을 시작하게 되면 진정한 프로사업가가 되는 것입니다. 배우자나 자녀를 주주로 세우는 것도 상당히 바람직합니다. 단순히 절세 때문에 명의만 빌리는 것이 아니라 어떤 의미를 갖고 있는지 설명하고, 자녀에게 교육하면 더욱 멋진 일이라고 생각합니다. 정당한 급여를 지급하고 그에 대한 계획과 세금적인 면을 공유한다면 또 한 명의 경제인이 육성되고 있다고 해도 과언이 아닐 것입니다.

주의해야 할 점도 있습니다. 배우자의 경우 급여를 받지 않으면 건강보험 피부양자로 등록되어 따로 보험료를 내지 않지만, 급여가 생기면 건강보험 대상자로 포함된다는 사실입니다.

퇴직금에 관한 규정이
반드시 필요한가요?

법인설립이 사업의 시작이라면 퇴직금은 사업의 끝을 의미합니다. 과거에 퇴직금 중간정산이 비교적 쉽게 가능했던 시기가 있습니다. 그러나 2012년 근로자 퇴직급여보장법에 의해 지금은 특별한 조건이 있어야 퇴직금 중간정산이 가능합니다. 자신 명의의 주택구입, 자신이나 가족의 6개월 이상 요양, 개인회생이나 파산 등의 사유가 있어야 중간정산이 가능합니다.

절세를 위한 퇴직금

법인이 잘 운영되어 멋진 노후를 준비하는 것만큼 좋은 일은 없을 것입니다. 법인은 정리할 때도 준비가 필요합니다. 크게 세 부류로 나눠

보자면 법인을 매각할 수도 있고, 상속할 수도 있고, 청산할 수도 있습니다. 어떠한 마무리든 간에 대표에게 주어진 마지막 절세의 기능이 퇴직금에 있습니다. 근로자의 퇴직금은 법적으로 보장되어 있지만, 임원에 대한 퇴직금은 보호되지 않기 때문에 정관에 의해서 퇴직금을 규정합니다. 앞서 말한 것처럼 정관은 회사의 법이기 때문에 법의 틀에서 벗어나지 않는 한도에서 임원의 퇴직금을 규정합니다. 정관에 퇴직금에 관한 규정이 없다고 해서 지급 자체가 불가능한 것은 아닙니다. 다만 퇴직소득으로 인정되는 것이 아니라 근로소득으로 간주되어 그에 준하는 세금이 부과됩니다. 그리고 정관에 퇴직금에 관한 규정이 있다고 해도 무한정 퇴직소득으로 인정되지는 않습니다.

퇴직소득의 한도

2011년 이전에는 퇴직소득의 한도가 없었습니다. 퇴직소득은 종합소득세와 별도로 분류과세되기 때문에 상속과 증여에 관한 불공정과세라는 의견이 많았습니다. 그래서 2011년 개정되었고, 3배수로 제한되었습니다. 3배수로 제한된다는 의미는 무엇일까요? 쉽게 생각하면, 일반 근로자의 3배까지 퇴직소득으로 인정된다고 생각해도 크게 틀리지 않습니다. 더욱이 대표의 3년 치 연봉에 연계되어 있습니다. 간단히 정리해보면, 근로자의 3배를 더 공제해준다고 해도 무방합니다(2020년 개정에 의해 임원의 퇴직소득 한도 2배수로 개정 소지 있음).

앞서 말했던 것처럼 근로소득세를 절약하기 위해서 대표의 급여가 낮으면 퇴직금에도 영향이 갑니다. 정관을 정비하고 대표의 급여를 순차적으로 인상하면 퇴직금에 관한 준비는 잘되고 있는 것입니다. 최근에 퇴직금 규정에 대한 개정이 논의되고 있습니다. 퇴직을 준비하기 위해서는 담당세무사, 회계사와 반드시 상의해야 합니다. 퇴직금에 대한 준비가 끝났다면 방향만 결정하면 됩니다.

법인 주식을
매매할 수 있나요?

　법인은 주식회사를 의미합니다. 하지만 법인대표를 만나보면 주식을 매매해본 경험이 없고, 매매할 생각도 없습니다. 심지어는 주식회사라고 생각해본 적이 없는 분도 있습니다. 개인사업에서 절세를 위해 법인을 설립한 사람이 대부분이기 때문입니다. 또한 법무사를 통해 모든 과정이 진행되었기에 무관심에서 비롯된 결과이기도 합니다.

　법인 주식은 얼마든지 매매가 가능합니다. 흔히 생각하는 상장된 주식 거래와는 다르지만 거래가 불가능하다는 의미는 아닙니다. 주식회사라는 것이 본디 자본을 충당하기 위한 툴이라고 보면 맞습니다. 사업아이템이 있어서 누군가에게 투자를 받고 싶다면 정당하게 회사에 대한 주권을 주고 자본을 투자받는 것입니다. 코스닥은 중소기업이나 벤처의 투자 시장이라면 코스피는 한국 전체의 주식 시장입니다. 공개된 시장에서 활발한 주식 거래를 하는 것입니다. 우리가 설립한 법인은 조건상 코스닥이나 코스피에 상장될 순 없지만 개인 간 거래는 얼마든지 가능합니다.

다만 주의해야 할 점은 있습니다. 개인 간 거래에는 주가가 다소 주관적일 수도 있습니다. 일반적인 경우 설립 시 주가보다 크게 변동이 없어서 시장의 교란이나 불법이 적기 때문입니다. 1,000만 원짜리 부동산 법인을 설립한다면 10%의 지분은 100만 원 밖에 되지 않습니다. 10억 원을 친구에게 주면 자금추적을 당하겠지만, 100만 원을 친구에게 주면 자금추적 당할 일은 없습니다. 심지어는 그냥 준다고 하더라도 증여세를 내는 사람은 없을 것입니다(면세범위이기도 하지만 걸릴 일도 없습니다). 자녀에게 지분을 주고 싶은 사람도 마찬가지입니다. 10% 준다고 하면 100만 원을 내야 하는데, 현금이 부족해서 90만 원만 받았다고 문제가 될 소지는 없습니다. 앞서 말한 것처럼 사과나무를 주면 증여가 되지만 사과씨를 준다고 증여라고 하지는 않습니다. 곧 그 씨가 사과나무가 된다고 해도 말입니다.

거래내역은 기록에 남습니다. 친구에게는 1주당 1,000원에 팔았는데 한 달 뒤 자녀에게 1주당 100원에 팔았다면 입증책임은 남게 됩니다. 사실 증여로 인정될 확률이 높습니다. 법인이기 때문에 개인 간 거래에 무조건 관대하지는 않습니다. 입증책임은 분명히 남아 있습니다.

공식경기에서는 밑장을 빼지 마라

언제까지나 동네에서 작은 거래만 하는 법인일 수는 없습니다. 법인의 거래가 공식화되면 차원은 달라집니다. 공식화라는 것이 타인이 내

주식을 매매할 때만 적용되는 것은 아닙니다. 가장 대표적인 것이 상속과 증여입니다.

상속이나 증여가 이루어지면 주식의 가치가 공식화되어야 합니다. 간단히 설명하면 비상장 주식의 가치는 일반적으로 보충적 평가방법에 의해 계산됩니다. 주당순손익가치와 주당순자산가치를 평가해 연도별로 가중치를 두고 계산합니다. 깊이 알 필요는 없습니다. 공식적인 절차를 밟아서 평가받게 됩니다. 하지만 객관적으로 계산한다는 것은 반드시 기억해둬야 합니다. 부가적인 조건을 배제하고, 1,000만 원 자본의 법인이 100배 성장해서 10억 원의 가치가 되면 자녀에게 10% 줄 100만 원만 생각하다 1억 원이라는 자금이 필요하게 될지도 모릅니다. 상속이 이루어지면 자녀가 10억 원을 상속받게 되고, 이에 대한 상속세를 내야 합니다. 100배 성장이 어려울 거라고 생각할 수도 있습니다. 하지만 부동산 법인은 소자본으로 설립해도 기본상품의 단위가 억 단위이기 때문에 그리 어려운 일이 아닙니다.

주가에 대한 고민을 하는 사람은 많지 않을 것입니다. 적은 자본금으로 시작해서 다년간 운영하다가 자기 선에서 청산할 수도 있습니다. 하지만 법인의 설립, 운영, 청산을 경험해본 사람이라면 반드시 시작부터 주가에 대한 계획을 세우게 됩니다. 그만큼 법인은 명의가 이전될 때 엄격하다는 것을 경험해봤기 때문입니다. 다만 지금 시작하는 단계라면 이런 분야가 있다는 것을 기억한 후, 법인이 성장해가면서 전문가와 상의하면 됩니다.

법인설립의 장점은 많이 있지만, 그중에 증여와 상속에 관한 부분이 상당히 큽니다. 기껏 자산을 형성했는데 증여나 상속으로 자산의 상당부분을 세금으로 낸다면 효율적이지 못한 자산관리입니다. 증여나 상속에 필요하기 때문에 비상장 주식 가치평가의 방법을 표로 작성해봤습니다. 어디까지나 참고내용이니 복잡하다면 그냥 넘어가면 됩니다.

기업가치평가표

순손익가치					순자산가치			
구분	2018년	2017년	2016년		구분	2018년	2017년	2016년
당기순이익	100,000,000원	100,000,000원	100,000,000원		자기자본	600,000,000원	546,604,643원	460,787,274원
납입자본금	50,000,000원	50,000,000원	50,000,000원					
주당액면가	5,000원	5,000원	5,000원		영업권평가			
발행주식총수	10,000주	10,000주	10,000주		순손익가중평균액			
주당순손익액	10,000원	10,000원	10,000		순손익가중평균액×50%			
가중치	3	2	1		자기자본×10%			
가중순손익액	30,000원	20,000원	10,000원		영업권 평가액			
가중평균액	10,000원				순자산가치	600,000,000원		
주당순손익가치	100,000원				주당순자산가치	60,000원		

구분	금액	가중치	평가액	비고
주당순손익가치	100,000원	3	300,000원	420,000원
수당순자산가치	60,000원	2	120,000원	
주당기업가치	84,000원			
법인기업가치	840,000,000원			

순손익가치와 순자산평가 및 영업권평가에서는 조금 더 세부적인 내용이 들어갑니다. 부동산 과다법인은 가중치가 순손익가치 2, 순자산가치 3으로 바뀌고, 영업개시 3년 미만인 경우 등에서는 순자산가치로만 평가하는 예외도 있다는 것만 알고 있으면 됩니다.

주식의 증자,
감자는 무엇인가요?

주식 하면 가장 먼저 생각하는 것이 주식 투자입니다. 이것은 코스피에 상장되어 있는 주식을 누구나 쉽게 매매해서 투자 수익을 자기에게 귀속시키는 것을 말합니다. 우리가 설립한 법인도 동일한 주식을 갖고 있습니다. 다만 공식적이지 않아서 아무도 주식을 매매하려고 하지 않는 것입니다. 하지만 성격은 동일한 주식입니다.

증자, 낯선 그 이름

누군가 법인의 주식을 사고 싶어 한다면 그 법인에 투자하고 싶다는 의미입니다. 법인에 자금을 투자하고 수익을 가져가고 싶다는 상법상 행위입니다. 대표의 입장에서 주식은 팔고 싶지 않으나 투자를 받고 싶을 때 주식을 증자할 수 있습니다. 주식의 수를 늘리는 것입니다. 코스피처럼 공개된 가격보다는 자유롭지만, 일정 기준에 따라 주식의 수를 늘려 타인에게 매도할 수도 있고 주식의 비중을 조절할 수도 있습니다.

주식의 증자는 현실에서 많이 활용되지는 않지만, 가끔 주식의 비율을 조절하는 데 유용할 수 있습니다. 예를 들어 한 법인에 주식을 50%씩 갖고 있는 두 명의 주주가 있을 때, 10%의 주식을 증자해서 타인이 갖게 되면 50%였던 주식의 비율이 약 45%로 줄어들게 됩니다. 이는 과점주주를 결정하는 요소가 될 수도 있고, 경영권을 논할 때는 그 방어적인 측면도 관여됩니다. 신생법인에게는 너무 먼 이야기 같겠지만 법인을 운영한다면 이 정도의 구조는 이해해야 한다고 생각합니다.

감자, 먹는 감자는 아니겠지?

감자는 증자의 반대행위입니다. 주식을 감소시키는 것입니다. 설립 시 1만 원짜리 주식 10,000주를 10%만 감자시키면 1,000주를 법인이 사들여서 1,000만 원이라는 자금을 현금화시켰다는 의미입니다.

감자 또한 일상적인 행위는 아니지만, 대표의 가지급금 처리를 위해 종종 사용되는 방법이기도 합니다. 예를 들어 대표가 사용한 가지급금이 1억 원 있다고 가정해보겠습니다. 대표가 1억 원의 현금을 쉽게 갚을 수 있으면 문제될 것이 없지만, 대부분 현금을 갖고 있지 않기 때문에 주식의 감자를 통해 현금화시키는 경우가 많습니다. 일상적으로 '주식을 태운다'라고도 표현합니다. 1억 원어치의 주식을 법인에 매각하고 법인은 그 주식을 태웁니다. 1억 원의 현금은 대표의 돈이기 때문에 가지급금 처리에 사용하는 것입니다.

감자? 증자? 절세하려고 법인 만들었는데, 사족 아니야?

맞습니다. 일반적인 법인에서는 주식 가치를 평가하거나 매매하는 것이 일상적인 일이 아닙니다. 더욱이 증자나 감자에 대한 설명은 사족처럼 느껴질 수도 있습니다. 하지만 결국 법인으로 절세했다면 법인도 처리를 해야 합니다. 그 처리과정에서 사전에 준비해야 할 부분들이 주식에 대한 이해에서 시작됩니다.

주식 가치평가에 대한 준비가 없으면 증여와 상속 시 엄청난 세금을 내야 합니다. 법인을 굳이 만들지 않았어도 될 만큼 원점이 될 수 있습니다. 또한 청산과정에서 주식을 매매한다거나 증자, 감자를 활용해야 할 수도 있습니다. 예를 들어 주식 매도를 통해 법인을 청산하려고 하는데, 지인과 저렴하게 거래했던 기록이 남아 있으면 매매가 또한 자유롭지 못하게 됩니다. 법인을 운영하려면 기본적인 주식의 개념은 알고 있길 바랍니다. 또한 사사롭게 매매했던 거래가 독이 되는 경우가 종종 있기 때문에 참고하면 됩니다.

배당이 무엇인가요?
차등배당으로 절세하고 싶습니다

　법인에서 수익이 나면 주주에게 돌려주는 돈이 배당입니다. 1인 법인의 경우 급여를 받는데 무슨 배당이냐고 물어볼 수도 있지만, 대표의 역할과 주주의 역할은 다릅니다.

　대표는 근로자입니다. 대표적인 소득이 급여입니다. 하지만 무급 대표도 가능합니다. 주주로서 주식에 대한 투자 수익을 받을 수 있습니다. 그것이 배당입니다. 1년에 한 번 법인결산 후에 지급하는 것이 일반적이지만 필요에 따라 중간배당을 하는 경우도 있습니다. 그런데 경험이 없으면 배당을 잘 안하게 됩니다. 대부분 주주가 1인이거나 가족이기 때문에 굳이 배당이라는 낯선 제도를 쓰지 않아서입니다. 대부분은 근로자로서 급여를 통해 수익을 창출합니다. 하지만 배당은 절세의 효과가 있습니다. 기본 세율이 15.4%(배당소득세 14%＋주민세 1.4%)이기 때문에 소득세를 14% 이상 내고 있는 사람은 배당을 활용하는 방법도 나쁘지 않습니다. 다만, 연간 2,000만 원 이상 배당 시에는 종합소득에 합산되어 세율이 높아질 수 있습니다.

미성년자에게 소득을 창출하다

자녀의 현금흐름을 만들어주는 것이 어떤 의미인지 조금 자세히 살펴보겠습니다. 자녀의 일정 소득은 절세를 위해 좋습니다. 하지만 자녀가 학생인데 근로소득을 발생시킬 수는 없습니다. 자녀에게 작은 오피스텔을 하나 사주고 싶은데, 자녀의 자금출처를 증빙하지 못하면 고스란히 증여로 인정됩니다. 근로를 하지 못하는 자녀에게 소득을 만들어줄 수 있는 매력적인 방법이 배당입니다. 법인설립 시 혹은 그 후라도 자녀가 주식을 사면 배당을 받는 것은 주주로서의 당연한 권리입니다.

최근 차등배당이 절세의 효과로 많이 거론되긴 합니다. 차등배당이란 소액주주에게 배당을 몰아주는 것입니다. 예를 들어 부모가 각 40%씩 주식을 갖고 있고 두 자녀가 10%의 주식을 갖고 있을 때, 부모는 배당을 포기하고 자녀가 배당을 모두 가져가는 것을 차등배당이라고 합니다. 이것이 무조건 인정된다고 말할 수는 없습니다. 세금은 실질과세 원칙이기 때문에 차등배당을 실시했다가도 증빙의 요청에 응하지 못하면 증여로 과세되는 경우가 있을 수 있습니다.

차등배당은 과세당국에서 지켜보고 있습니다. 곧 개정이 될 수도 있습니다. 일하지도 않는 가족에게 불법적으로 근로소득을 지급하느니 주식의 정당한 매매나 증여를 통해 배당을 활용하기 바랍니다.

사업자를 통한
국민건강보험료 절세

　대한민국 국민이라면 누구든지 국민건강보험의 혜택을 받게 됩니다. 의무로 가입이 되어 있기 때문입니다. 가입자는 크게 두 종류로 나눌 수 있습니다. 첫 번째는 직장가입자입니다. 근로소득자는 건강보험이 원천징수됩니다. 월급을 받기 전에 미리 공제되고 나오기 때문에 다들 크게 신경 쓰지 않습니다. 금액도 많지 않습니다. 근로소득자의 경우 급여의 6.46%입니다. 그중 절반인 3.23%는 사용자인 회사에서 내주기 때문에 그 부담은 줄어듭니다. 전업주부의 경우 연간소득이 500만 원이 넘지 않으면 피부양자 조건으로 남편의 건강보험에 귀속되게 됩니다. 소득 500만 원은 공제 후를 말하는 것입니다.

　두 번째는 지역가입자입니다. 피부양자가 소득이 생기면 피부양자 자격을 잃게 되서 지역가입자로 전환되게 됩니다. 지역가입자는 직장가입자보다 상대적으로 많은 건강보험료를 납부하게 됩니다. 지역가입자 의료보험 산정 시 재산에 대한 부분이 연계되어 있습니다. 그렇기 때문에 소득이 적어도 부동산을 소유하고 있거나 자동차가 있으면 그에 따른 건강보험료가 산정됩니다. 지역가입자의 객관적인 의료보험료를 알고 싶으면 국민건강보험공단 홈페이지를 통해서 계산해볼 수 있습니다.

상대적으로 지역가입자가 건강보험료가 높습니다. 자산에 연동되는 시스템이기 때문입니다. 만약 직장가입자와 지역가입자의 조건을 동시에 만족한다면 직장가입자가 우선입니다. 그렇기 때문에 개인사업을 하더라도 직장가입자가 되는 경우는 건강보험료를 상당히 절약할 수 있습니다.

1인 법인의 경우 소득을 창출하기 위해 가족을 직원으로 고용했다면 내지 않아도 되는 건강보험료를 내야 할 수도 있습니다. 소득이 없다면 피부양자로 건강보험료를 내지 않아도 되는데, 근로소득이 생기면 건강보험료를 포함한 4대보험을 납부해야 합니다.

법인의
출구전략

법인청산은 어떻게 해야 하나요?
- 출구전략에 실패하면 원점

헤밍웨이의 《노인과 바다》는 한 노인의 이야기를 들려줍니다. 그는 84일 간의 사투에도 고기를 잡지 못하다가 포기하지 않은 대가로 엄청나게 큰 고기를 잡습니다. 하지만 그 기쁨도 오래가지 못하고 상어와 사투 끝에 생선의 뼈만 남긴 채 귀로하게 됩니다. 소설 자체는 인간의 삶을 그리고 있기 때문에 시사하는 바가 크지만 현실적으로 봤을 때, 사투의 결과물은 뼈밖에 남지 않았습니다. 출구전략은 경기회복을 위해 썼던 완화정책과 과잉공급된 유동성을 서서히 거두어들이는 전략을 말합니다. 미국이 베트남 전쟁에 패하고 인명과 군수품의 피해를 최소화하기 위해 군대를 철수할 방안을 모색할 때 제기된 용어로 유명합니다.

법인도 출구전략이 상당히 중요합니다. 어찌 보면 법인운영의 절반 이상이라고 봐도 과언이 아닙니다. 자산이 적을 때는 과세가 부담되지 않을 수 있습니다. 하지만 법인이 잘 운영되어 자산의 규모가 커졌을 때 과세는 상당히 부담스럽습니다.

증여세나 상속세는 최고 세율 50%입니다. 집 한 채를 단기에 양도하면 주택양도세라는 명목으로 40% 과세합니다. 상당히 큰 금액입니다. 증여와 상속도 마찬가지입니다. 집의 양도차익이 1억 원이었다면 40%인 4천만 원의 세금을 내면 됩니다. 법인은 그동안 사업하면서 절세를 해서 아낀 모든 자산이 들어가 있는 곳입니다. 법인의 자산이 10억 원이 넘기 시작하면 세율은 어마어마해집니다. 상속세율의 최고 구간은 50%입니다. 최대주주 주식에 대한 할증평가가 더해질 경우에는 65%의 세금을 감당해야 합니다. 평생 운영한 자산이 반토막 나는 것입니다. 물론 각종 공제가 있습니다. 가업상속공제도 가능합니다. 하지만 결코 쉽게 생각해서는 안 되는 문제입니다. 경영권을 방어하지 못하는 굴지의 기업들이 다 갑자기 상속이나 청산이 개시되는 경우입니다. 최소 10년이라는 시간을 두고 준비해야 합니다.

앞서 말한 것처럼 법인의 출구전략을 크게 상속, 매각, 청산 이 세 가지로 구분해보겠습니다.

법인의 상속

법인을 자녀에게 물려주는 것에 가장 많은 절세의 방법이 있습니다. 대표적인 것이 가업승계입니다. 법인을 상속하기 위해서는 승계의 방법이 가장 합리적입니다. 물론 피상속인이 이 법인을 10년 동안 같이 운영해야 하고, 주식의 비중이라든가 각종 제한되는 항목들이 많습니다. 하지만 최대 500억 원까지 공제가 된다는 사실은 상당히 매력적입니다. 지금의 법인을 생각하면 500억 원 공제가 의미 없게 느껴질 수도 있겠지만, 준비해서 나쁠 것은 없습니다.

법인의 매각

자녀가 법인운영에 관심도 없고, 물려줄 사람도 없다면 매각하게 됩니다. 법인을 현금으로 청산해서 편안한 노후를 보내면 됩니다. 매각을 준비한다면 주가에 대한 사전 준비를 해둬야 합니다. 앞에서 말한 것처럼 자산의 처분이나 사적인 주식 거래는 매각 시 주식 가격의 평가요인이 되기 때문에 주의해야 합니다.

법인의 청산

법인의 사망선고입니다. 개인사업의 정리라고 생각하면 쉬울 수 있습니다. 하지만 법인은 모든 책임이 평생 따라다닌다고 봐야 합니다. 특히 과점주주는 2차 과세의 책임이 있기 때문에 세금문제는 더욱 잘 정리해야 합니다. 청산 시 가지급금과 가수금의 문제도 발생합니다. 생각지도 못했던 자금을 청산하고 나면 실질적으로 남는 게 없는 청산이 될 수도 있습니다.

법인청산

한때 찜닭가게가 골목마다 있었던 적이 있습니다. 그 후로도 요식업계는 다양한 업종이 변화해왔고, 지금도 항상 변화의 중심에 있습니다. 요식업계의 일만은 아닙니다. 제조업이든 유통업이든 변화가 있습니다. 최근 식당이 잘 안 되는 이유는 배달의 수요가 늘어났기 때문이고, 웨딩업계가 힘들어지는 이유는 스몰웨딩이라는 트렌드가 웨딩소비를 줄이기 때문입니다. 이러한 흐름은 안정적인 사업을 원하는 우리에게는 반갑지만은 않습니다. 하지만 이를 잘 이용할 수도 있습니다.

풍선 바람 빠지듯

전성기를 저와 함께 했던 법인이 있습니다. 수년이 흐르고 대표께서 찾으셔서 한걸음에 방문했습니다. 자녀의 사업을 컨설팅해달라는 주문이었습니다. 잘나가는 법인을 갖고 있고, 법인자산도 큰 편이었기 때문에 가업승계를 생각하던 저에게는 다소 낯선 주문이었습니다. 상황을 자세히 살펴봤습니다. 현재는 큰 법인이기는 하지만 대표님의 은퇴시점에 가면 누군가 물려받기에는 후퇴기에 접어드는 사업이라는 생각이었습니다. 정확한 판단이었습니다. 사업에 관여하지 않는 저로서는 그런 생각까지 못했지만, 대표님은 정확한 출구시점을 계획하고 있었던 것입니다. 사실 이 법인을 통해 대표님의 노후자금이나 은퇴자금은 거의 완성단계였습니다. 그렇기 때문에 저도 가끔 지나가다 편하게 들리는 클라이언트였습니다. 그분은 현재 시점에서 법인의 다양한 거래 활동 중에 미래지향적인 사업을 자녀에게 물려주고 싶었던 것입니다. 전혀 무관한 사업이 아니기 때문에 사업초기 어려움을 완충해줄 수 있었습니다. 저도 대부분 법인의 절차법적인 청산만 강조해왔는데, 대표님의 노하우를 통해 많이 배웠습니다. 마치 풍선에 바람 빠지듯 서서히 작아져가는 법인을 만든 것입니다.

비슷한 자금흐름을 증여에서도 활용합니다. 건물과 토지가 있다면 토지만 먼저 자녀에게 증여하는 것은 상당한 절세방법입니다. 법정지상권이 성립되어 있는 건물의 토지는 말 그대로 자산가치만 있는 토지입니다. 향후 10~20년 뒤 상속이 개시될 때는 토지의 자산가치가 상승할 확률이 높기 때문에 미리 증여해서 증여세를 낮추는 것입니다. 건물만 부모가 소유하고 있으면서 그 임대차 대금으로 노후를 즐기면 됩니다. 건물은 감가가 인정되는 자산이기 때문에 평균 감가연수 30년이면 자산가치를 잃게 됩니다. 잔존가치만 남는 것입니다. 상속을 한다고 해도 상속세는 상당히 절감됩니다. 자세한 것은 다시 한 번 다루도록 하겠습니다.

중요한 것은 트렌드에 의해서 소멸될 법인은 서서히 자산을 줄여나가고, 자산가치가 높아질 새 법인을 설립해주는 것도 상당히 매력 있는 자산이전이라고 볼 수 있습니다. 일감몰아주기와 같은 불법이 자행되면 안 되겠지만, 합법적인 범위 내에서 다양한 방법들이 있습니다. 마치 건물과 토지를 분리해서 증여하는 방법처럼 말입니다.

다시 한 번 강조하지만, 법인은 설립 때 이미 출구전략을 고민하고 있어야 합니다. 부동산 법인이라면 더더욱 그렇습니다. 한창 투자하고 사업할 나이에는 그런 생각을 한다는 것이 사치처럼 보일 수 있습니다. 하지만 모든 여행은 왕복티켓을 끊어야 합니다. 편도티켓은 돌아올 방법이 없습니다. 그 여행이 황천길로 가는 여행이 아니라면 말입니다.

유족보상금이란
무엇인가요?

유족보상금이란 근로자가 업무와 관련해 사망했을 경우 유족에게 생계유지를 위해 지급하는 보상금입니다. 법인의 경우 산업재해보험을 통해 이러한 보상금을 해결하는 경우도 있고, 단체보험을 통해 산업재해보험 이상의 보험금을 준비하는 법인도 있습니다. 앞에서도 언급했듯 법인을 설립한 대표도 근로자의 자격이 있습니다. 그렇기 때문에 대표에게도 유족보상금 지급이 가능합니다. 특히 대표나 임원들에게 유족보상금이 필요한 이유가 있습니다.

대표는 가정에서도 기둥!

법인을 운영하는 분들은 가정에 돌아가서도 가장 역할을 하는 사람이 많습니다. 가정의 소득 대부분을 책임지고 있습니다. 만약 대표의 갑작스런 부재 시 유족에 대한 대비를 정관을 통해 보장해둬야 합니다. 이것은 가장 급박하게 일어나는 출구전략입니다. 또한 법인이 상속되기 때문에 그 상속세에 대한 대비도 필요합니다. 굴지의 기업에서 대표의 사망소식과 함께 들려오는 소식은 상속세에 대한 문제입니다. 상속세는 6개월 이내에 내야 하는데, 유동성자산이 없으면 급하게 현물을 팔아야 합니다. 상속세는 그 크기와 납부기간 때문에 감당하기 힘든 세금 중 하나입니다. 그래서 유족들의 고충을 미리 대비해야 합니다.

유족보상금은 비과세이기 때문에 법인의 자금을 효과적으로 가족에게 전달하는 효과도 있습니다. 특히 유족보상금을 종신보험의 형태로 준비하면 소멸되는 보험금에 대한 부분은 비용처리도 가능합니다. 유족보상금을 업무관련 및 임원 여부에 따라 간단하게 정리해보겠습니다.

구분		근로자	임원
업무상 사망	법인세	손금산입(지배주주 제외)	손금산입(지배주주 제외)
	소득세	비과세(지배주주 제외)	비과세
	상속세	비과세(지배주주 제외)	과세
업무 외 사망	법인세	손금산입(지배주주 제외)	비과세(지배주주 제외)
	소득세	과세(퇴직소득)	과세(퇴직소득)
	상속세	과세	과세

유족보상금은 특히 동업자인 주주에게도 필요합니다. 종신보험의 형태로 가입해놓는 것은 상당히 유익합니다. 국세청의 권장사항이기도 합니다. 예를 들어 10억 원의 가치가 있는 주식의 50%를 소유하고 있는 동업자가 갑작스럽게 떠나면 유족은 그 주식을 팔아야 합니다. 타인

에게 팔면 경영권 방어에 문제가 되고 운영상 차질이 생기기 때문에 법인에 팔아야 합니다. 법인에 여유자금이 있다면 상관없지만, 그렇지 않다면 주식을 매수해야 합니다. 유족들은 6개월 이내에 상속세를 내야 하기 때문에 다른 방법은 많지 않습니다. 이런 경우 동업자에 대한 유족보상금은 필수라고 할 수 있습니다.

가족과 법인을 살린
유족보상금

　자금의 여유가 없는 법인운영 초기에는 개인의 자금흐름과 법인의 자금흐름이 크게 다르지 않습니다. 법인 돈이 내 돈이고, 내 돈이 법인 돈입니다. 향후 사업이 원활히 잘 성장하면 법인에 자금이 조금씩 쌓이게 됩니다. 고정지출은 정해져 있는데 매출이 늘어나게 되면 기업은 당연히 성장합니다. 그러나 자금이 법인 내에 쌓일 때 자금관리에는 소홀한 경우가 많습니다. 특히 법인의 성장에 따른 부가적인 위험에 대한 준비가 많이 부족합니다. 그중 대표적인 것이 미수금 처리입니다.

　미수금의 경우 내가 못 받은 돈도 있지만, 사업상 지급하지 않는 돈도 있습니다. 단순히 법적인 정리만 남은 경우도 있습니다. 이러한 미수금은 대표가 건재하면 큰 문제는 없을 수 있습니다. 하지만 갑작스런 대표의 부재는 엄청난 시련을 갖고 오게 됩니다. 소형법인의 경우 대표의 기여도는 90% 이상입니다. 말은 법인이지만 대표의 부재는 법인의 폐업을 말하는 것이기도 합니다. 상상 이상의 문제가 됩니다.

대표와 사모님, 그리고 3~4명의 사원을 둔 포장박스를 만드는 법인이 있었습니다. 작은 가내공장 같은 법인이었습니다. 대표가 영업 및 납품을 하고, 사모님이 경리와 운영을 했습니다. 법인의 규모가 크지는 않지만 거래처가 많았기 때문에 상당히 안정적인 법인이었습니다. 처음 재무제표를 봤을 때 상당히 건전한 법인임을 쉽게 알 수 있었습니다. 직원 대부분은 주부들이었는데, 동네 부녀회모임처럼 즐겁게 일하는 분위기였습니다. 사업상의 걱정은 크게 없어 보였습니다. 하지만 대표는 쌓여가는 자산과 그로인한 상속에 대해 고민이 많았습니다.

법인운영이 안정적이었기 때문에 아들에게 물려주고 싶은데, 아들은 크게 물려받고 싶은 마음이 없어 보였습니다. 상속과 노무에 관해 상담하고 정비를 해드렸습니다. 대표께서 50대 중반이어서 상속은 향후 더 관리해드려야겠다고 생각하면서 그 법인을 잊고 있었습니다.

2년인가 지났을 무렵 사모님께 전화가 왔습니다. 제가 전화를 받았을 때는 이미 대표의 장례가 끝나고 며칠이 지났을 때였습니다. 대표께서 친목회에 갔다가 피곤하다고 잠이 들었는데, 심장마비로 그대로 세상을 떠났다고 했습니다. 친구들 모두 취중이라 고통을 호소했는지도 모르고 아침에서야 발견되었다고 합니다. 부고에 놀라기는 했지만 안정적인 법인이라서 상속절차만 안내해드리면 되겠다는 생각으로 찾아갔습니다. 하지만 생각했던 것보다 많은 문제가 있었습니다.

대표가 부재하자 미수금들이 여기저기서 나오기 시작했습니다. 법인을 운영하면서 발생한 미수금이지만 대표님 개인 신용으로 발생한 것들이 대부분이었습니다. 사업을 하다보면 미수금이 아닌 미수금들이 있습니다. 법적으로는 분명 줘야 할 돈이지만 개인적으로 거래한 자금이라서 당사자들만 아는 자금거래들이 있습니다. 특히 개인사업에 가까운 법인들은 이런 경우가 더 많습니다.

대표가 돌아가셨다는 소식이 들리자 여기저기서 추심이 들어왔습니다. 사모님은 상당히 억울해 했습니다. 이미 정리된 자금들인데도 법적으로 근거가 있으니 어찌할 방법이 없다는 겁니다. 소송으로 해결하자니 배보다 더 큰 배꼽이 되게 생겼습니다. 막상 합쳐놓으면 큰돈인데, 개개인에게 지급해야 할 돈은 크지 않은 형국이었습니다. 저는 합의를 종용했고, 합의를 해도 약 5억 원의 자금이 필요했습니다. 5억 원이 크지 않다고 생각할 수도 있지만, 작은 법인에서 갑자기 마련하기에는 쉽지 않은 돈입니다. 설령 법인에 이런 자금이 있다고 해도 개인적인 채무를 위해 사용한다는 것은 가지급금만 발생시킬 뿐입니다. 개인적인 빚을 갚기 위해 법인에 손을 대야 하는 상황이 발생한 것입니다.

다행히 2년 전에 뵈었을 때 퇴직금을 모아두시라고 했는데, 은행에 꽤 많은 돈을 모아두셨습니다. 사내유보금이 많으신데 굳이 회사에만 두지 말고 위험에 대한 대비도 하고 부동산 자산도 고려해보시라고 상담해드렸는데, 부동산 매입까지는 이어지지 못하고 유족보상금 형태로 마련해두셨던 것입니다.

그렇게 지급된 3억 원으로는 부족해 집을 담보로 대출을 받으셔서 채무를 다 변제했습니다. 다행히 법인은 지킬 수 있었습니다. 고정적인 소득이 발생하기 때문에 가족들 생활에도 문제는 없었습니다. 사실 법인의 상속문제가 있었는데, 사모님이 주주였고 배우자상속공제를 통해 상속세도 거의 내지 않으셨습니다. 그 사건 후로 사모님은 법인을 조금 이해하신 듯했습니다. 법인에 아무리 돈이 많아도 사용하기 위한 돈을 미리 설정해두지 않으면 큰 위험을 초래할 수 있습니다. 이 법인이 준비한 것들을 간단히 정리해보겠습니다.

첫째, 사모님과 아들을 대상으로 유족보상금을 5억 원씩 설정했습니다. 아버지의 주식을 아들이 다 상속했습니다. 아들이 가업승계를 약속하지는 않았습니다. 법인명의의 고급차가 법인에 대한 생각을 조금 바꾸게 도와준 것 같기도 합니다. 대표님 생전에는 무조건 절약만 했는데, 사모님도 생각이 많이 바뀌었습니다. 안 쓴다고 능사는 아니라는 것을 이해하신 겁니다.

둘째, 법인을 잘 활용해 절세에도 신경을 쓰게 되었습니다. 아들에게 차를 사주게 된 이유도 비용처리에 대한 개념을 이해했기 때문입니다.

셋째, 모든 직원이 노무계약서를 작성했습니다. 가족 같은 회사라 처음에는 거부감도 있었으나 직원들을 위해서라도 필요한 부분임을 설명하고, 노무사를 연결해주었습니다. 단순히 급여를 지급하고 세무처리하는 것과는 별개의 문제입니다. 노무관련 지식은 필수입니다.

만약 이 법인이 유족보상금이 없었다면 어떻게 되었을까요? 법인에 모든 자금이 몰려 있었고, 아파트를 팔아도 3억 원을 받기 힘들었습니다. 개인자산을 다 팔아도 채무는 변제하기 힘들었을 것입니다. 어려운 상황에서 법인이 도움이 될까요? 준비하지 않으면 그럴 수 없습니다. 가장 많은 사례가 대출입니다. 자산을 담보로 대출을 받게 되는데 어떠한 자산이냐에 따라 대출이 쉽지 않을 수도 있고, 부동산의 경우에는 급매로 처리해야 하는 손해를 감수해야 합니다. 법인을 활용하자면 결국 주식을 팔아야 합니다. 타인에게는 가치가 없는 주식이기에 법인 자체를 매각해서 현금화시켜야 하는 상황이 왔을 것입니다. 어차피 회사에 쌓여 있는 유보금을 가만히 쌓아둔다고 크게 불어나는 것은 아닙니다. 미리 출구전략을 마련해두는 것은 당연한 일입니다.

5

빚더미 법인만 남기고도
상속이 가능한 방법

사람의 일이 계획대로만 된다면 아무 걱정이 없을 것입니다. 공부를 못하는 사람도 없을 것이고, 가난한 사람도 없을 것입니다. 법인이라고 크게 다를 것이 없습니다. 법인을 운영하다보면 빚만 남은 법인이 될 수도 있습니다. 이럴 때 법인을 청산하면 모든 것이 해결될까요? 그렇지 않습니다. 추심이 완료되지 않은 채권은 또 다른 재산에 압류를 걸 수 있습니다. 부동산을 경매로 처분하게 되는 경우 마찬가지입니다. 경매 자체로 채권 추심이 끝날 수도 있지만, 다 해결되지 못한 채권은 또 다른 재산에 영향을 미치게 될 것입니다.

그렇다면 상속은 어떨까요? 부모가 진 빚을 아들이 물려받을까요? 그럴 수도 있고 아닐 수도 있습니다. 상속포기를 한다면 모든 것을 포기하는 것입니다. 상속재산에 대해서 한정승인을 할 수도 있습니다. 한정승인은 상속재산과 부채를 상계한 뒤 물려받는 것입니다. 상속재산이 5억 원인데 부채가 3억 원이면 2억 원을 물려받고, 상속재산이 3억 원인데 부채가 5억 원이면 물려받지 않는 것입니다. 사업을 하다 빚만 남았다면 상속포기를 하면 됩니다. 상속포기 시 주의할 점은 4촌 이내 방계혈족도 동시에 포기를 해야 합니다. 상속은 대물림되기 때문에 자녀만 포기하면 손자녀가 빚을 떠안게 됩니다.

빚은 상속포기, 상속자산은 그대로

사업을 하다 빚만 남기고 돌아가셨는데, 자녀는 수십억 원의 자산을 물려받는 아이러니한 상황이 발생합니다. 어떤 경우일까요? 대부분은 사전증여를 생각할 것입니다. 하지만 사전증여는 10년 전까지 합산해서 상속세로 과세됩니다. 장점이라면 상속가액이 증여 시로 산정된다는 것입니다. 하지만 상속 시 빚만 있다면 온전히 물려주지 못하게 되는 것은 마찬가지입니다. 그렇다면 어떻게 할 수 있을까요? 바로 종신보험입니다. 상속포기를 하더라도 고스란히 받을 수 있는 것이 종신보험금 보상금입니다. 이는 민법과 세법의 차이를 알면 도움이 됩니다. 세법적으로 종신보험금도 상속세를 내는 경우가 있기 때문에 상속재산으로 아는 경우가 있습니다. 세법적으로 상속세를 피하려면 계약자와 수익자 조정이 필요합니다. 하지만 민법적으로 사망보험금은 상속인의 고유자산으로 인정됩니다. 다음 대법원판례를 통해 자세하게 살펴보겠습니다.

대법원판례(2000다 31502)

사망보험금을 상속재산으로 간주하는 것은 사망한 피보험자(아버지)가
보험료를 불입(보험계약자)한 결과에 따라 상속인(자녀)이 보험금을 받게
된 것이므로 이를 피상속인(아버지)이 물려준 유산으로 보아 이에 대해
상속세를 과세하기 위한 것일 뿐, 사망보험금은 계약자(아버지＝피상속
인)가 아닌 보험금수익자(자녀)의 고유재산이므로 피상속인의 채권자가
상속보험금에 대하여 압류할 수 없다.

　세금은 내야 하지만, 채권자가 압류할 수 없다고 보면 됩니다. 자녀
가 낸 보험금은 상속세도 과세대상이 아닙니다. 쉽게 표현하면 "아들이
낸 돈 아들이 가져가는데, 세금은 왜 내며 아버지 빚쟁이들이 왜 내 돈
을 달라고 하느냐?"라고 반박할 수 있다는 것입니다.

　정리해보면 법인의 유족보상금은 나름대로 활용하면서 별도의 개인
적인 상속의 구조를 만들어두면 막강한 대비가 될 것입니다. 법인은 자
녀에게 자금흐름을 만들어줄 수 있다는 것을 여러 차례 언급했습니다.
정당한 급여, 배당 등이 대표적입니다. 이제 조금씩 균형을 잡으면 됩
니다. (양도)소득세 절세만을 위해서 법인을 만들기보다는 포괄적으로
법인을 활용하면 됩니다.

법인은 왜 종신보험을 가입할까?

    법인의 재무제표를 보면 상당히 많은 자금이 보험사에 투자되고 있다는 것을 알 수 있습니다. 기재항목에 따라 다른 형태로 기재되기는 합니다. 하지만 법인에는 필요 이상으로 보험상품이 많습니다. 국가의 의료보장이 날로 좋아지는 시점에 왜 법인은 보험상품에 많이 가입하는 걸까요? 크게 두 가지 측면에서 이유를 찾아볼 수 있습니다.

    가장 큰 이유는 대표의 기여도가 큰 만큼 대표를 보호함으로써 법인을 보호하는 것입니다. 국세청에서는 《세금절약 가이드》라는 책을 포함해 세금과 관련한 여러 책자를 만듭니다. 국세청 홈페이지에서 열람도 가능합니다. 바뀌는 세법과 효과적인 절세를 위해 만든 이 책자들을 보면, 상속의 준비는 보험으로 하라고 적시되어 있습니다. 국가에서 만드는 책인데 유일하게 특정 상품에 관한 내용이 언급됩니다. 이유는 간단합니다. 모든 금융상품은 납입금 대비 수익률이 결정되는데, 보험은 납입금액과 무관하게 사건 대비 수입금이 결정됩니다. 특히 종신보험은 받는 금액이 확정적으로 정해져 있습니다. 사람은 누구나 죽음을 맞이하기 때문에 예외란 있을 수 없습니다. 다른 말로 바꾸면 상속세는 이미 정해져 있다는 의미입니다. 정해져 있는 세금을 준비하려면 수익금액이 정해져 있는 준비를 해야 된다는 의미입니다. 보험이라는 것이 가입한지 한 달만 되어도 그 보장을 다 해줘야 하는 특성을 갖고 있습니다.

법인의 대표는 혼자 몸이 절대 아닙니다. 법인 기여도가 90% 이상인 경우가 대부분입니다. 대표의 유고 시는 법인의 유고와 비슷한 상황이 됩니다. 앞서 말했던 정관에 의한 유족보상금은 준비가 안 되어 있다면 법인에게도 부담이고, 유가족들에게도 부담이 됩니다. 이러한 위험을 상품으로 대비하는 것입니다. 특히 법인의 상속이나 대표의 개인적인 상속도 법인을 통해 준비하는 것입니다.

우리나라에서 자수성가한 사람들은 유독 상속에 대한 준비가 부족합니다. 민족상잔의 아픔 뒤에 빈손에서 시작한 분들이 대부분이기 때문에 상속을 받아본 경험이 없습니다. 그래서 대부분 상속 시 세금에 대한 준비가 없습니다. 이와 반대로 유태인들은 상속을 매개로 부자가 된 민족입니다. 수천 년간 상속에 대한 준비로 정평이 나 있는 민족입니다. 지식과 지혜를 물려주기 위해 탈무드를 만들었고, 자산을 물려주기 위해 다양한 금융상품을 만듭니다. 금융상품 중에 대표적인 것이 종신보험입니다. 혹시 모를 사고에 대비해서 내가 죽으면 너희들이 모아서 우리 가족이 먹고살 돈을 달라고 연대했던 것이 그 시작입니다. 그리고 법인이 월납입금만 수백만 원인 종신보험을 가입하는 이유는 다음과 같습니다.

- 대표의 사망에 따른 유족보상

- 대표의 사망에 따른 경영권(주식) 방어

- 퇴직금 재원 마련

- 비용처리(일부 정기보험)

퇴직금을 연금으로 받는다고요?
– 정기금평가

   법인에 보험상품이 많은 두 번째 이유는 대표의 퇴직금에 대한 절세를 계획하기 때문입니다. 대표적인 상품 중 하나가 연금입니다. 연금을 가입하는 이유는 간단합니다. 퇴직할 때 10억 원을 받고 싶어서 정관까지 개정했는데, 막상 법인에 10억 원이라는 현금이 없으면 받기 곤란한 상황이 연출됩니다. 그러한 상황을 피하기 위해서 미리 적립하는 것입니다. 그렇지만 단순적립만 생각한다면 은행의 예·적금 상품이 가장 간편한 방법일 것입니다. 그런데도 보험사에 가입하는 이유는 적립에 정기금평가를 노리는 것입니다.

내 돈에서 이자를 받는다

퇴직금은 현금으로 받을 수도 있지만 법인 내의 연금상품으로 받을 수도 있습니다. 연금은 계약자 변경이 가능하기 때문에 법인의 계약자에서 대표의 계약자로 바꾸면 일부 공제를 제외하곤 퇴직금이나 소득으로 처리가 됩니다. 연금을 퇴직금으로 받고나서 새로운 절세가 가능합니다. 현금을 10억 원 상속하게 되면 10억 원이 그대로 상속세 구간에 포함되지만, 연금개시가 된 연금채권은 10억 원으로 평가되는 것이 아니라 국세청장이 고시하는 할인율에 따라 할인되어서 평가됩니다. 이를 '정기금평가'라고 합니다.

쉽게 생각하면 10억 원을 다 사용하는 것이 아니라 매달 일정 금액만 받아서 쓰기 때문에 안 받은 돈은 이자만큼 평가에서 할인된다고 보면 됩니다. 예를 들어 30억 원의 자금이 상속되면 약 4억 7,000여 만 원의 상속세가 발생하지만, 정기금평가에 대한 증여로는 약 2억 4,000여 만 원이 됩니다(정확한 상속과 증여세는 공제항목과 정기금 할인율에 따라 차이가 있습니다). 이것은 두 가지 측면에서 절세됩니다. 배우자증여공제와 정기금평가에서 절세의 효과가 나타나는 것입니다. 30억 원의 상속자금이 약 23억 원 정도 평가절하되는 것입니다. 그만큼 상속세도 줄어든다고 보면 됩니다.

퇴직금을 단순히 은행에 넣지 않고 연금상품으로 만드는 다른 이유도 있습니다. 연금상품은 피보험자를 정할 때 꼭 계약자가 아니어도 상관없습니다. 피보험자를 자녀로 한다면 자녀 사망 시까지 계속 연금이 나옵니다. 목돈을 상속받으면 그것을 감당할 수 없는 자녀들도 많습니다. 로또에 당첨된 사람이 다 잘 사는 것 같지만 가끔 뉴스를 통해 들려오는 비극적인 소식도 많습니다. 차라리 로또에 당첨되지 않았으면 평범하게 잘 살았을 텐데, 갑자기 감당이 안 되는 자산이 생겼을 때 그 삶이 나락으로 떨어지는 경우가 의외로 많습니다. 자녀에게는 로또가 아닌 연금복권을 선물하는 것입니다.

이러한 자금계획을 꼭 법인을 통할 필요는 없습니다. 하지만 대부분 절세를 위해 낮은 연봉을 받기 때문에 법인 내에서 이러한 상품을 만들었다가 퇴직을 통해 가져오는 방법은 상당히 좋은 방법입니다.

법인의 증여 및 상속 시
준비해야 할 것이 있나요?

모든 돈에는 저량(stock)의 개념과 유량(flow)의 개념이 있습니다. 부동산도 건물가격은 저량의 개념이겠지만, 매달 들어오는 월세나 관리비는 유량의 개념입니다. 법인의 꽃은 자산이전입니다. 법인을 통해 많은 자산을 형성했는데, 자녀에게 물려주는 과정에서 장점을 활용하지 못한다면 절반의 성공이라고 해도 과언은 아닐 것입니다. 특히 상속이라는 것이 상당히 예민한 자산관리 분야입니다. 많이 줬다고 기뻐할 일만은 아니고, 적게 준다고 슬퍼할 일도 아닙니다. 언제 주느냐에 따라 '불효자 소송'을 걸어야 할지도 모릅니다. 목돈을 주면 자식을 망칠 수있지만, 평생 나눠주면 자식에게 큰 도움이 될지도 모릅니다. 법인의 증여와 상속은 앞에서도 많이 언급했습니다. 이를 정리해보겠습니다.

낙수 10년이면 바위를 뚫는다

증여를 위한 법인의 매력은 다양합니다. 특히 자녀가 태어나면서부터 자금출처를 만들어 줄 수 있다는 것이 상당한 매력입니다. 시간이라는 엄청난 무기를 내 편으로 만들 수 있기 때문입니다. 태어나면서부터 매년 2,000만 원씩 배당해주면 성인이 되었을 때, 4억 원이라는 자금출처를 만들 수 있습니다. 4억 원의 자금출처이면 부동산의 레버리지 효과와 만나면 10억 원 이상의 등기자산을 확보할 수도 있습니다.

최근 증여에 대해서 상당히 엄격해졌습니다. 자녀가 결혼할 때 도와주는 전세금에도 증여세를 과세하기도 하고, 사회초년생이 강남 부동산을 등기하게 되면 자금출처를 소명해야 하는 경우가 종종 발생합니다. 특히 부모의 자산이 갑작스럽게 증가한다면 자녀에게 주었던 자금도 소명해야 할 확률이 높아집니다.

법인을 소유하고 있다면 주식을 증여하고 그로 인한 자금출처를 꾸준히 만들어주기 바랍니다. 자본금이 크지 않은 법인이라면 주식을 증여하는 것은 전혀 부담이 없습니다. 미성년자의 경우 10년간 2,000만 원의 증여는 공제됩니다. 자본금이 1억 원인 법인은 20%인 2,000만 원까지 증여해도 증여세는 공제됩니다. 물론 비과세라고 해도 신고는 반드시 해야 합니다. 법인은 주주에게 꾸준히 자금의 흐름을 만들어줄 수 있다는 것이 장점입니다. 낙수가 별것 아닌 것 같아도 10년, 20년 동안 계속 떨어지면 바위를 뚫게 되는 것처럼 말입니다.

왜 그들은 법인을 소유하고 있을까?

  종종 뉴스를 통해 공직자의 비리를 접하게 됩니다. 평생 공무원이었던 사람의 아들이 고급스포츠카를 타고 다니는 것이 화두가 되기도 합니다. 그 차량의 소유자를 추적해보면 열에 아홉은 법인차량입니다. 회사차를 타고 다닌 것이고, 그 비리 공무원은 가족법인의 주주였던 것입니다. 그 법인을 통해 부동산도 매매하고, 가족들에게 급여도 지급하고 있는 경우를 보게 됩니다. 사회적으로 비난받을 수 있으나 법적으로는 문제가 없을 수 있습니다. 자금의 유용을 위해 법인을 세운 것일 수도 있지만 가장 큰 목적인 상속을 위한 법인일 확률이 높습니다. 자산을 상속받아본 사람은 상속세가 얼마나 무섭다는 것을 잘 알고 있을 것입니다.

  법인을 통해 상속을 준비한다면 주주관리, 주가관리, 유보금관리, 세금관리, 유족보상금관리 등 다양한 분야에서 준비가 필요합니다. 상속인에게 배당도 꾸준히 해야 하지만 평가가치가 낮을 때 꾸준히 양도나 증여를 통해 주식 비중을 조절해야 합니다.

  주가를 임의대로 조정할 수는 없지만, 사내유보금이 많이 쌓이는 것은 조심해야 합니다. 특히 갑작스럽게 회사를 처분해야 한다거나 상속이 개시될 때 쌓여 있던 유보금은 높은 주가를 의미하기 때문에 꾸준히 관리하는 것이 좋습니다. 일반 가장의 죽음을 대비해 보험도 드는데, 법인의 대표가 가정보다 더 큰 규모인 법인을 소유하고 있으면서 갑작스런 위험에 대비하지 않는다는 것은 무모한 일입니다.

손실도 절세로
활용하기

　우리 주변에는 대형쇼핑몰이 많습니다. 근처를 지나는 것만으로도 각종 마케팅에 노출됩니다. 미끼상품이라는 것이 있습니다. 상대적으로 가격이 저렴하거나 1+1 행사를 통해 고객을 유치하는 상품입니다. 물건을 저렴하게 팔아서 손해를 본 듯하지만 결국 매출상승을 유도하게 됩니다. 고객의 입장에서는 저렴한 물건을 구매해서 합리적인 쇼핑을 한 듯하나 정산해보면 더 많이 구매하게 된 것을 알 수 있습니다. 법인도 마찬가지입니다. 손해가 단순히 손해로 그치는 것이 아닙니다. 손해를 본 듯하나 그것은 절세를 위한 초석이 될 수도 있습니다.

　법인의 과세는 마라톤과 같습니다. 초기에 조금 빨리 달렸다고 금메달을 주지 않습니다. 최종적으로 몇 등을 했느냐에 따라 과세가 정해지는 것입니다. 회계연도 초기에 어마어마한 매출을 올려서 순수익이 높아도 회계연도 말에 손실을 많이 입어 실질적인 소득이 없다면 많은 과세가 이루어질 수 없습니다. 심지어는 전 회계연도의 손실을 이월해서 손실로 인정해줍니다. 이를 '이월결손공제'라고 합니다. 보통은 60% 한도에서 이월공제가 가능하지만 조건에 따라 100% 공제가 가능하기도 합니다.

지난해 손실이 1억 원이라면 올해 회계의 시작은 −1억 원부터 시작할 수 있다는 의미입니다. 개인의 경우 각 부동산마다 양도소득세를 신고해야 합니다. 그나마 종합과세가 되면 비슷한 효과를 낼 수 있지만, 일정 소득에 국한되어 있습니다. 법인의 손실은 급여 및 각종 비용에서도 손실이 날 수 있다는 점이 개인과 다른 부분입니다.

그렇다면 이런 법인의 손실공제를 어떻게 활용할 수 있을까요? 복잡하게 생각하면 염두에 둬야 할 게 너무 많습니다. 법인의 모든 자금은 세금과 연결되어 있기 때문에 자칫 잘못하면 더 큰 세금을 추징당할 수도 있습니다. 하지만 단순하게 결정하고 나머지는 세무전문가에게 맡기면 됩니다.

가장 일반적으로는 큰 소득이 나면 손실을 함께 처리하는 방법이 있습니다. 예를 들어 부동산 매매를 통해 큰 수익이 났다면 그해 지급해야 할 자금들을 정리한다거나 손실을 입고 팔아야 할 부동산을 함께 정리하면 수익이 상계될 것입니다. 한 가지 염두에 둬야 할 점은 매 회계연도마다 일정한 소득이 창출되는 법인을 유지하는 것이 좋습니다. 손실이 없는 법인이 대출에도 유리하지만, 손실이 나는 법인은 좋게 평가받기가 힘듭니다. 회계연도 기준으로 적당한 수준을 유지하는 것이 좋습니다.

법인을 마지막까지
활용하는 은퇴플랜

법인을 설립한다는 것은 상당히 매력적인 일입니다. 주식을 가진 이사 중에 대표의 책임을 맡고 있는 사람이 대표이사입니다. 법인의 CEO가 되는 겁니다. 앞에서 법인의 많은 장점을 언급했지만, 한마디로 정리하면 법인이라는 친구를 통해 절세하고 그 친구의 돈을 내가 잘 사용할 수 있다는 것이 좋은 점입니다. 절세가 여행의 출발이라고 한다면 은퇴플랜은 여행의 도착이라고 생각하면 됩니다. 아무리 멋진 여행이라고 해도 돌아오지 못한다면 너무 슬픈 여행이 됩니다. 잘 돌아오기 위한 플랜을 알아보도록 하겠습니다. 크게 두 가지 플랜을 준비해야 합니다.

퇴직금 준비

앞서 말한 것처럼 대표의 퇴직금은 직원의 약 3배에 가깝게 인정됩니다. 더욱이 근속연수와 비례하기 때문에 법인설립 때부터 상당한 마일리지를 쌓는다고 해도 틀림이 없습니다. 퇴직금은 많은 부분에 공제요소가 있으므로 근로소득과 비교해서 상당한 절세가 가능합니다. 그런데 회사 내에 퇴직금이 없다면 어떻게 될까요? 정관에 잘 준비해둔 퇴직금을 받지 못할 수도 있습니다. 현금이 없어서 자산을 불가피하게 퇴직금으로 수령하게 되면 퇴직금이 손금으로 인정되지 않을 수도 있습니다.

회사는 근로자의 퇴직금 적립의무가 있습니다. 대표는 근로자로 보호받는 것이 아니라 정관에 의해 퇴직금을 지급받기 때문에 적립되지 않은 퇴직금은 인정받지 못할 수도 있습니다. 결론은 퇴직금을 잘 활용하기 위해서 정관도 준비하고, 퇴직금도 준비해야 한다는 말입니다. 법인을 시작할 때부터 별도의 계좌를 만들어서 준비하면 됩니다.

유족보상금

대표적인 주주나 근로자의 사망은 반드시 대비되어야 합니다. 설립도 전에 사망을 걱정하다니 너무 앞서간다고 생각할 수도 있습니다. 하지만 법인의 갑작스런 청산에는 주주의 사망이 결정적일 때가 많습니다. 회사마다 복지차원에서 단체보험을 많이 가입합니다. 일반 직원이

사고를 당해도 법인의 지출이 적지 않습니다. 주식을 갖고 있는 임원이나 직원이라면 어떨까요? 보상은 차치하더라도 주식을 사와야 하고, 상속문제까지 결부되면 그 문제는 더 심각해집니다. 특히 법인은 대출로 세워진 회사라고 해도 과언이 아닙니다.

앞서도 잠깐 언급한 이야기지만, 두 명의 친구가 부동산 법인을 운영하다 한 친구가 교통사고로 세상을 떠났습니다. 슬픔은 뒤로하더라도 친구 개인명의의 부동산도 있었던 터라 상속이 개시되자 주식과 개인명의의 부동산이 모두 가족에게 상속되는 바람에 어마어마한 상속세가 나왔습니다. 그래서 부동산 명의를 돌이키는 데 이중의 양도세와 소득세를 내야 했던 경우가 있습니다. 차명으로 부동산을 처리한 것은 불법이지만 사업적 동반자였기 때문에 별다른 대비를 하지 못했던 것입니다.

법인과
부동산

법인, 부동산 하락,
그리고 욕심을 담는 그릇

각종 규제로 인해 부동산이 하락하기도 합니다. 그럼에도 많은 분들이 법인을 만들어서 투자를 하려고 합니다. 걱정이 전혀 없는 것은 아닙니다. 이미 레드오션이 되어버린 부동산 시장에 섣불리 법인을 만들었다가 임대료, 기장료, 각종 고정지출만 나가는 것이 아닐까 고민될 것입니다. 조금 더 시기를 기다렸다가 법인을 만들어야겠다고 생각하는 사람도 있을 것입니다. 하지만 언제나 시작은 지금이 가장 좋습니다. 투자의 명언 중에 '무릎에서 사서 어깨에서 팔라'라는 말이 있습니다. 왜 '발바닥에서 사서 상투에서 팔라'라는 말은 없을까요? 그만큼 타이밍은 잡기 힘들다는 의미일 것입니다. 경제가 순환하듯 부동산 경기도 순환합니다. 타이밍을 잡기 위해 기다린다면 시작은 오지 않습니다.

부동산의 인플레이션 헤지(hedge) 기능을 살펴보겠습니다. 김밥 파는 할머니가 수십억을 기부했다는 뉴스를 접하게 되면, 그분이 김밥만 팔아서는 수십억을 기부하기 힘들다는 것을 알 수 있습니다. 단순계산만 해봐도 평생 동안 매일 수백 줄을 팔아야 가능한 금액이기 때문입니다. 뉴스의 말미를 자세히 보면 정답이 있습니다. 기부내역이 부동산인 경우가 많습니다. 장사하려고 사놨던 상가 등의 부동산이 시대흐름에 따라 가치가 상승해서 자산이 형성되는 경우가 대부분입니다. 부동산을 단편적으로만 알면 시작하기 힘듭니다. 법인설립은 평생 꿈도 꿀 수 없는 일이 됩니다.

이제부터 그 이유를 몇 가지만 살펴보겠습니다. 거품의 붕괴와 부동산 하락은 엄연히 다른 것입니다. 거품의 붕괴라는 것은 실체 없이 과장되었던 것이 사라지는 것입니다. 구름은 산보다 높이 있지만 우리가 구름 위에 서 있을 수는 없습니다. 산은 아무리 낮더라도 올라가려면 힘이 듭니다. 거품은 구름과 같은 것이고, 바닥은 낮은 산과 같은 것입니다. 부동산은 종합적인 분야입니다. 같은 아파트, 같은 층수라도 조망권이나 인근환경에 따라 수천만 원 차이가 납니다. 이러한 본질과 상관없이 심리적인 요인들은 거품일 수도 있고 현상일 수도 있습니다.

하지만 거품의 붕괴가 하락의 본질이라고 생각하면 안 됩니다. 부동산 하락을 주장하는 사람들이 가장 큰 하락의 요소로 꼽는 것이 인구감소입니다. 상당히 설득력 있는 요소입니다. 그렇다면 이런 질문들을 해보겠습니다.

"조선시대 가장 부자는 무엇을 갖고 있는 사람이었습니까?"
"신석기시대 가장 힘 있는 사람은 무엇을 갖고 있었습니까?"
"동물들은 왜 영역싸움을 하는 것일까요?"

조선시대 인구는 지금 인구의 10분의 1밖에 되지 않습니다. 동네에서 관직을 갖고 있다는 사람의 집 크기가 요즘 대통령 관저만큼 큽니다. 조선시대는 인구가 적어서 사람들이 부동산에 대한 고민 없이 마음껏 농사짓고 집도 짓고 살았을까요? 아닙니다. 조선시대도, 석기시대도 심지어는 사자, 호랑이도 본능적으로 모두 부동산으로 그 힘을 자랑합니다. 사람들은 부동산으로부터 많은 부와 권력을 갖게 됩니다.

그렇다면 왜 이런 현상이 나타날까요? 이유는 간단합니다. 부동산의 크기를 제곱미터(㎡)로 보고 있다면 그 부분에서 문제가 시작됩니다. 부동산의 크기는 절대 제곱미터로 책정되지 않습니다. 부동산의 크기는 사람의 욕심과 비례합니다.

욕심을 담는 그릇

방 3개에 화장실 1개인 구조에 3세대나 3대가 모여 사는 모습이 어색하지 않은 시대가 불과 몇 십 년 전입니다. 요즘은 어떤가요? 85㎡, 흔히 말하는 32~34평 아파트에 네 식구가 살아도 좁다고 합니다. 평생 화장실만 늘리다 돌아가시는 분들도 많이 생깁니다. 굳이 네 식구 사는데 화장실이 2개 필요할까요? 아침에 동시에 장운동이 시작된 경우에는 2개의 화장실이 편하기도 합니다. 습관이 우리를 그렇게 만들었을 뿐 필수적이지는 않습니다. 화장실 2개인 집에 사는 분들은 잘 알겁니다. 청소부터 너무나도 귀찮습니다. 얼마 전까지만 해도 드레스룸 유무가 아파트 선정에서 중요한 요소였습니다. 최근에는 팬트리나 알

파룸을 통해 사적인 공간을 추구하는 시대가 되었습니다. 3대가 30평대에 살았던 시절에서 네 식구가 30평대에 살아야 하는 시대로 바뀌었습니다. 욕심의 크기가 바로 부동산의 크기입니다.

〈엘리시움〉이라는 영화가 있습니다. 지구가 황폐해져서 우주공간에 거대한 비행체를 띄워놓고 부자들만 그 위에서 산다는 내용입니다. 그 정도로 기술이 발달하면 부동산 문제가 해결될까요? 그 영화를 보면 결국은 부의 기준은 어디에서 사느냐입니다. 사람이 순간이동을 하면서 공중부양을 할 수 있지 않는 한 부동산은 부의 척추와도 같은 것입니다. 심장도 중요하지만 그것을 지지하는 척추가 없으면 누워서 숨만 쉬는 식물인간 같은 삶을 살아야 합니다.

미디어에서는 많은 사람들이 부동산 가격이 떨어지길 원한다고 합니다. 그러나 거품이 꺼지길 바라는 것인지, 정말 부동산이 떨어지길 원하는지는 자세히 살펴볼 필요가 있습니다. 우리나라 주택보급율이 60%라고 합니다. 그렇다면 부동산 가격이 상승하길 바라는 사람이 60%이고, 나머지 30%는 집값이 떨어지면 사고 싶은 사람들일 것입니다. 10% 정도는 관심조차 없고 떨어지든 오르든 신경도 안 쓰는 사람들일 것입니다.

마지막으로 부동산은 모든 산업과 직결되는 산업입니다. 제조업도 공장이 있어야 하고, IT도 결국엔 컴퓨터를 둘 사무실이라도 있어야 합니다. 최근에는 미니멀라이프라고 해서, 다 버리고 정리하고 최소의 삶과 공간을 추구하는 사람들도 많습니다. 반면 그런 삶을 살다가 다시 일반적인 삶으로 돌아오는 사람도 많습니다. 지극히 개인적인 견해일 수 있으나, 사람의 욕심을 가장 잘 수용할 수 있는 그릇은 부동산입니다. 그렇기 때문에 주춤할 수는 있으나 꺼지기는 쉽지 않은 것이 부동산입니다. 사람의 욕심을 대체할 만한 무엇인가가 있을까요? 그 대체재를 찾기란 쉽지 않습니다.

반드시 알아야 할
저량과 유량의 개념

   앞서 언급한 저량과 유량의 개념을 좀 더 생각해보겠습니다. 돈이라는 것은 흐를 때 그 역할을 다하는 것이지만 내게 왔을 때는 멈춰 있어야 자산으로 평가할 수 있습니다. 돈은 교환가치입니다. 돈이 어디론가 흘러야 그 반대급부로 재물이 유통되어서 경제흐름이 생기는 것입니다. 어떤 자산가의 지하창고에 수천억이 쌓여만 있다면 그 가치는 없는 것과 마찬가지입니다. 그 자산가는 저량의 개념으로 돈을 소유하고 있지만 결국은 흘려보내야 그 가치를 다하는 것입니다. 어찌 보면 누구나 아는 개념이지만 이 개념을 현실화시키는 데는 큰 괴리감이 있는 듯합니다. 저량과 유량의 개념정리에 실패해서 빛을 못 보는 경우가 있기 때문입니다.

불도그처럼 한 번 물면 안 놓는 주택청약

주택종합청약저축(이하 청약저축)이라는 것이 있습니다. 아파트 분양권에 우선순위를 얻고자 다수의 사람이 가입하는 상품입니다. 이 상품이 저량에만 매몰되어 있는 대표적인 상품입니다. 납입한 돈은 깨서 쓰는 것 외엔 방법이 없습니다. 죽여야 물었던 입을 벌리는 불도그처럼 말입니다. 분양권 혜택을 누리기 전까진 유동성이 제로입니다. 물론 대출은 가능합니다. 내 돈을 대출받아서 쓰는 것 말입니다.

청약저축은 목적이라도 분명하니 상관은 없습니다. 많은 금액을 납입하지만 않으면 괜찮습니다. 법인이 저량에 매몰되는 경우는 언제일까요? 출구전략 없이 사내유보금만 계속 쌓이는 것입니다. 앞서 많이 언급한 것처럼 나중에 받으면 된다는 생각은 상당히 위험합니다. 우리를 곤란한 처지로 떠밀지도 모릅니다. 내가 번 돈은 법인에 있는데, 다른 곳에서 대출을 받아야 하는 경우가 발생할지도 모릅니다. 마치 청약저축의 돈을 대출받듯 말입니다. 부동산도 중간에 어려움을 겪는 경우는 상당수 유동성에서 막히는 경우입니다.

그냥 욜로는 10년,
저량의 개념을 갖춘 욜로는 100년

최근 '욜로'라는 말을 많이 합니다. 'You Only Live Once(YOLO)'라는 뜻으로 인생은 한 번뿐이니 하고 싶은 대로 하며 살라는 의미로 해석할 수 있습니다. 하고 싶은 대로 하며 사는 것은 상당히 멋진 일입니다. 하지만 이는 자금의 유량의 개념에만 충실한 결과라고 말할 수 있습니다. 하고 싶은 대로 하며 사는 것은 결국 자본적 뒷받침이 필요한 것이니 한계는 분명 있습니다. 매달 버는 수익을 전부 써버린다면 그 한계는 빨리 다가올 것입니다. 완벽한 유량의 시스템을 버리고 약간의 저량의 개념을 부가한다면 더 오랫동안 욜로의 삶을 살 수 있습니다. 매달 내 통장에 찍히는 돈이 다 내 돈이 아니라는 개념을 가지면 더 쉽게 이해할 수 있습니다. 요식업계에서 유명한 백종원 대표가 방송을 통해 멋진 말씀을 했습니다. "내 돈으로 들어오는 돈의 50%만 내 것이고, 나머지 50%는 재투자해야 한다."

식당을 하는 사람이라면 자재도 바꾸고 인테리어도 신경 쓰라는 의미입니다. 누구나 할 수 있는 이야기 같지만 오랜 기간 숙성된 사업의 노하우 같다는 느낌을 받을 수 있습니다. 수익의 일정 부분은 반드시 저량의 개념으로 갖고 가는 것이 현명한 방법입니다. 법인의 경우 더욱 그렇습니다. 법인은 설립하는 순간 숨만 쉬어도 고정지출이 생깁니다. 그 지출에 대한 대비가 없으면 법인에서 시간의 흐름은 나의 자금을 압박하는 채권자가 될지도 모릅니다. 매 순간 저량과 유량의 개념으로 자금에 대한 관리가 이루어져야 합니다.

10여 년간 컨설팅을 하면서 가장 무모하다고 느낀 것이 있습니다. 저량과 유량의 자금개념이 없이 돈을 모은다고 도전하는 사람입니다. 개인이든 법인이든 수익에 대해 이러한 판단을 하지 못하면 사업은 잘될지언정 내 주머니에 들어오는 돈은 많지 않게 됩니다.

돌다리도 두드려보고 건너야 하는 노사관계

    법인이라는 친구가 아무리 친해도 엄격한 자금기준이 있습니다. 법인과 직원 사이에도 엄격한 기준이 있어야 합니다. 대부분 지인 채용으로 시작하는 경우가 많아서 계약서를 쓰는 것조차 소홀히 하는 경우가 있습니다. 하지만 향후 분쟁이 있을 경우 사소한 부주의가 막대한 피해로 다가오기도 합니다. 비용처리를 위해 가족은 근로계약서를 쓰는 경우가 있습니다. 반면 정식고용한 직원들은 계약서가 없는 경우가 많습니다. 특히 4대보험이나 세금문제로 근로자가 먼저 계약서를 원치 않는 경우도 있습니다. 이런 불안전한 근로형태는 여우를 피하려다 호랑이를 만나게 되는 꼴이 될 수도 있습니다. 노무에 관한 사항은 전문가와 상담해야 하지만, 간단하게 체크리스트를 통해 법인운영에 대해 점검해보도록 하겠습니다.

구분		내용
1	상시근로자수	5인 이상(대표자 제외)인 경우 연장근로수당, 야간근로수당, 휴일근로수당, 연차휴가규정 등
2	근로계약서 의무화	법령에 정해진 근로조건 명시 기간제 및 단시간 근로자 근로계약 체결
3	근로자명부	작성 및 보존
4	취업규칙 (상시근로자 10인 이상)	작성 및 해당 노동관서에 신고 (근로시간, 휴게시간, 휴일, 휴가, 교대근무, 임금, 승급, 퇴직관련 사항, 최저임금 등)
5	여성근로자 동의	여성근로자 야간 또는 휴일근로 시 해당 근로자와 동의필요
6	시간외수당 (연장·야간·휴일근로)	연장, 야간, 휴일근로에 대한 통상임금의 50% 이상 가산지급
7	연차휴가	1. 1년의 80% 이상 출근자에게 15일의 유급휴가 부여 2. 1년 미만 근로자도 한 달 만근 시 익월 연차 휴가 1일 부여 3. 연차휴가 미부여시 수당지급
8	퇴직금 지급	1년 이상 근로자에게 지급
9	최저임금 이상 지급	시급 환산 시 최저임금지급
10	성희롱 예방교육	1년 1회 이상 교육 실시(참가자 서명, 사진)
11	연장근로 한도	주당 연장근로 12시간 한도
12	임금대장 작성	시간외근로·연차미사용수당 등 임금항목구성
13	해고예고	근로자해고 시 30일 전에 통보·미통보 시 30일 이상의 통상임금 지급
14	일체의 서류보존	모집과 채용에 관한 서류 등 일체의 서류를 3년간 보존

앞의 사항들을 점검해보면 웬만한 노사문제는 점검이 된 것입니다. 법인을 운영하면서 항상 출구전략을 고민해야 합니다. 좋은 직원을 뽑는 것도 고민해봐야 할 문제지만, 정작 더 중요하고 신중해야 할 것은 퇴직의 문제입니다.

건물을 반토막 낸
상속문제

농부는 굶어 죽어도 종자는 절대 먹지 않습니다. 지금 당장 배는 굶고 있지만 종자는 미래의 희망이기 때문에 잘 보관합니다. 싹이 돋는 봄이 되면 그 종자를 뿌립니다. 종자는 그냥 자라지 않습니다. 적당한 곳에 잘 심어야 하고, 좋은 영양분과 충분한 수분이 있어야 합니다. 그것이 끝이 아닙니다. 병충해 따위로부터 잘 보호되어서 열매를 맺어야 합니다. 그 열매는 잘 수확되어서 농부의 손까지 오게 됩니다. 농부의 손까지 무사히 들어왔다 하더라도 보관이 부실했다면 결국 썩고 맙니다. 농부는 입도 대어보지 못하고 1년이라는 시간을 허비하게 된 것입니다.

돈이라는 것도 마찬가지입니다. 종잣돈을 잘 모아서 투자를 하게 됩니다. 처음부터 손실이 나는 경우도 있지만 수익이 잘 나서 절세에도 관심을 갖게 되고 법인도 만들게 됩니다. 하지만 결국 내 손으로 들어오는 과정에서 문제가 생기면 1년 동안 헛수고한 농부와 다를 바가 없습니다. 법인도 자금흐름의 연속선상에서 좋은 도구임에는 확실하지만 그것 자체가 전부일 수는 없습니다. 씨앗을 품은 좋은 화분은 될 수 있을지언정 그 자체로 목적달성이 될 순 없습니다.

부동산 투자를 하는 분들이라면 한 번 정도 들어봤을 스토리가 있습니다. 수백억 원의 강남빌딩을 37명이 공동 투자해서 79억의 차익을 남긴 사건입니다. 이는 상속인들이 공동소유하던 빌딩인데, 그중 한 명의 지분이 경매로 넘어가게 되고, 법정지상권이 없던 부분을 한 토막 내서 철거한 뒤 차익을 남긴 사건입니다.

모든 투자가 자금흐름 속에서 그 사건을 봐야합니다. 특히 법인에 대한 단편적인 지식으로는 그 흐름을 못 보는 경우가 많습니다. 이러한 출구전략에 실패하는 경우를 대비해서 상속에 대해서 종합적인 내용을 정리해보도록 하겠습니다.

10억 원 이하는 괜찮아

상속세율은 10~50%입니다. 상당히 높은 세율입니다. 30억 원이 넘는 재산은 절반이 과세된다고 생각하면 됩니다. 하지만 상속받았다고 모든 재산에 세금을 내야하는 것은 아닙니다. 공제가 있기 때문입니다. 상황에 따라 상속재산에서 공제를 해줍니다. 기본적으로 배우자가 살아 있는 경우, 즉 아버지가 돌아가셨을 때 어머니가 살아 계시다면 10억 원이 기본공제되기 때문에 10억 원 이하의 재산은 안심해도 됩니다. 다만 지금 시점에서 10억 원이 안될지 모르지만, 60세의 부모님은 평균적으로 2~30년은 더 사시기 때문에 미래가치를 생각해봐야 합니다. 5억 원짜리 서울에 위치한 아파트라면 20년 뒤에는 10억 원을 넘을 것으로 생각됩니다. 물론 세율도 물가상승률에 따라 변하겠지만 물가보다는 보수적으로 변화합니다.

다음 표를 통해 상속순위를 알아보겠습니다.

순위	관계	비고
1순위	직계비속과 배우자	자녀(2):배우자(3)의 비율
2순위	직계존속과 배우자	자녀(직계비속)가 없을 때
3순위	형제자매	1,2순위가 없는 경우
4순위	4촌 이내의 방계혈족	1,2,3순위가 없는 경우

이러한 순위대로 상속을 받게 되는데, 상속 이전이라도 10년 내에 증여한 것은 상속재산으로 일괄처리됩니다. 또한 자산이 유증으로 인해 일부 상속인에게 편중되었다면 유류분제도가 있는 것도 알고 있어야 합니다. 법정상속분의 절반을 받을 수 있는 권리가 유류분입니다.

현금으로 상속하면 괜찮을까요?

상속재산은 본래의 상속자산, 간주상속재산, 추정상속재산 등 3가지로 구분합니다. 본래의 상속자산은 피상속인 사망 시 소유하고 있던 재산입니다. 간주자산은 신탁자금이나 보험금 같은 것입니다. 추정상속재산으로 가장 대표적인 것은 현금으로 인출해서 사용처를 밝힐 수 없는 재산입니다. 사망하기 1년 전에 2억 원 이상의 자금이 인출되어 사용처를 알 수 없다면 상속재산으로 추정하고 과세하게 됩니다. 사망시점에서 남몰래 현금으로 기부를 하고 떠나신다면 그것만큼 안타까운일은 없을 것입니다. 10억 원을 기부했는데, 사용처를 모른다면 10억원에 대한 세금은 그대로 내야 합니다.

피상속인이 사망 전에 사용한 자금에 대해서는 상속재산에서 해결하는 것이 유리합니다. 간병비나 병원비는 상속 후 자녀들이 낸다거나, 자녀가 효도하는 마음으로 자녀의 카드로 결제하는 것은 바람직하지 않습니다. 물려받을 재산 중에서 충분히 사용하고 상속받는 것이 절세하는방법입니다. 이외에도 점검해봐야 할 부분 몇 가지는 다음과 같습니다.

- 장례비도 공제가 가능하다.
- 피상속인의 채무변제도 인정된다.
- 가업상속 대상이 되는지 확인한다(사전에 조건을 만들어두는 게 좋다).
- 동거주택상속공제를 활용할 수 있다.
- 배우자공제를 활용해야 한다.
- 상속세가 30% 이상이거나 단기간 재상속이 예상될 경우 손자녀에게 상속한다.
- 내야 할 세금이 없어도 반드시 전문가와 상의 후 신고해야 한다.

이런 부분들만 점검해둬도 상속에 대해서는 잘 준비된 것입니다.

분산 투자로 법인에
맛을 더하다

법인은 상당히 매력적인 도구입니다. 특히 부동산 투자에 있어서는 상당히 많은 리스크를 완충시켜주는 역할을 합니다. 하지만 앞서 말한 것처럼 자금흐름을 반드시 생각해야 합니다. 부가적으로 생각해야 할 부분 중 가장 중요한 것은 다양성입니다. 하나의 법인으로 모든 것을 해결하려고 해서도 안 되며 법인이 있다고 해서 개인사업자가 필요 없다는 생각도 유연한 생각은 아닙니다. 특히 부동산 법인을 운영하면서 모든 자금이 부동산에만 몰려 있다는 것은 상당히 위험한 발상입니다. 법인대표가 모인 자리에서 강의를 하면서 이러한 개념을 쉽게 설명하고 싶었습니다. 그래서 다음과 같이 도식화해봤습니다.

십자가 모양과 비슷한 도식이 나오게 되었습니다. 위아래로는 자금 흐름을 표현하고, 좌우로는 분산 투자를 표현해봤습니다. 단순해 보이는 그림입니다. 하지만 더 많은 자료를 첨부하면 또 다시 복잡한 이론으로 회귀하게 되니 최대한 간단히 만들어봤습니다. 물이 흐르는 곳이 한 곳이라면 그곳이 막히면 정체됩니다. 하지만 물길이 여러 곳이 있으면 물은 막힌 곳을 우회해서 다른 곳으로 가게 됩니다.

법인을 통해 부동산에만 투자하는 분들은 경기의 흐름에 따라 기분도 변하는 것을 자주 볼 수 있습니다. 자금흐름이 막히기 때문입니다. 이럴 때 필요한 것이 소득의 다변화입니다. 법인을 통해 한 가지에만 집중하고 싶다는 마음은 이해가 갑니다. 하지만 투자에 있어서는 바람직하지 못합니다. 부동산은 경제적으로는 후행지표에 속합니다. 경기

변동이 일어난 뒤에 쫓아가는 대표적인 느림보입니다. 느림보를 보완하기 위해 선행지표에 관련된 투자를 해두는 것도 좋은 방법입니다.

우산장수와 소금장수 형제를 둔 어머니가 있습니다. 비가 오면 소금을 파는 둘째가 걱정되고, 햇볕이 나면 우산을 파는 첫째가 걱정이 되었습니다. 지나가던 한 선비의 말을 듣고 어머니는 생각을 바꾸게 되었습니다. 비가 오면 첫째가 장사가 잘되어서 좋고, 햇볕이 나면 둘째가 장사가 잘되어서 좋으니 항상 행복했습니다. 굳이 우산만 팔겠다고 고집을 부려서 비 오는 날만 행복할 순 없습니다. 소득의 다변화는 상당히 좋은 사업적 구조입니다.

자금분산만 잘해도
쉽게 가는 법인운영

3년 전 여름에 찾아뵈었던 법인이 있습니다. 아동용 물놀이용품을 납품하던 법인이었습니다. 여름 내내 얼굴 한번 못 뵙다가 늦가을에 찾아갔을 때 대표님 얼굴에 근심이 가득했습니다. 여름 매출이 많이 올라서 당장은 큰 문제가 없지만, 다가올 겨울 걱정을 미리 당겨서 하고 계셨습니다. 그해에 많은 상담이 이루어졌지만, 그 다음 해에 사모님을 통해 개인사업자를 내고 부자재(각종 사무용품 및 원재료)를 그 회사를 통해 납품받게 되었습니다. 사실 큰 변화는 아니었습니다. 향후 지역인근 법인의 도움을 받아 자리를 잡은 뒤 그 힘으로 주변 공장들에 부자재를 납품하게 되었습니다. 경기 변동성이 크게 줄어들었습니다. 크게 어려운 일도 아니고, 일상적으로 많이 활용하는 소득의 다변화입니다.

부동산 법인을 하시는 분들도 마찬가지입니다. 부동산 법인이 제일 힘들 때는 유동성으로 인해 현금흐름이 막혀 있을 때입니다. 당장 현금화되어야 할 부동산이 일제히 묶입니다. 부동산이 오른다는 입소문만 나도 급매물이 게 눈 감추듯 없어지는데, 그 훈풍이 불기 전에는 수십억 원의 부동산이 있어도 내 지갑에 만 원이 없어 서러워집니다. 부동산 전문가이기 때문에 수익이 좋은 부동산에 올인하는 마음은 이해합니다. 하지만 개인 유동성의 필요만큼은 분산해야 합니다. 혹은 그 유동성을 임대료로 충당할 수 있는 시스템은 만들어둬야 합니다. 1인 법인이라면 고정지출이 적겠지만, 직원이 많은 법인은 앉아만 있어도 인건비가 수천 만 원 필요합니다.

사실 유동성만 생각하면 금(gold)만 사놨을 것입니다. 금도 최전방의 선행지수는 아니지만 불안한 경기에서 대표적인 투자처입니다. "한 달에 한 돈씩만 금을 사놔. 그럼 후회는 안 해!" 여러 법인의 대표를 만나면서 많은 이야기를 듣지만, 금을 유통하던 분의 그 말이 강하게 남아 있습니다. 저는 그 이야기를 듣고 금고를 샀습니다. 물론 매달 한 돈씩 금을 사지는 못했지만, 틈틈이 사놓은 금의 시세를 보면서 '후회는 안 한다'는 말의 의미를 알 수 있었습니다.

법인경영은 후회만 안 남아도 성공입니다. 법인을 필두로 다변화된 수입구조를 갖춘다면 안정적이면서도 효율적인 시스템이 됩니다.

6

규제,
피할 수 없다면 즐겨라!

부동산은 투자 자산이기 이전에 공공재입니다. 사기 위한 물건 이전에 살기 위한 물건입니다. 부동산이 사치성 투자 자산이라면 규제는 크게 의미가 없습니다. 하지만 공공재이기 때문에 규제는 반드시 필요합니다. 규제 없이 시장의 자율성에만 의존한다면 빈부의 격차가 심해질 수밖에 없는 자산이 부동산입니다.

부동산은 정보의 비대칭성이 상당히 큽니다. 아무리 뛰어난 빅데이터가 있다고 하더라도 옆집보다 더 자세한 정보를 알기 어렵습니다. 아는 사람은 많은 정보를 갖고 있지만 모르는 사람은 전혀 모르는 분야가 부동산입니다. 국가 공직자들의 비리 중에서도 가장 많은 비리가 부동산 정보에 대한 비리입니다.

또한 부동산은 진입장벽이 높습니다. 누구나 부동산 투자를 원하지만 소액으로는 투자하기 쉽지 않습니다. 그렇기 때문에 부익부 빈익빈

현상을 가속화시키는 것이 부동산입니다. 강남에 아파트 한 채 사두면 돈 번다는 것을 모르는 사람은 없습니다. 하지만 수십억 원을 호가하는 아파트를 살 수 있는 사람이 그리 많지는 않습니다. 이러한 부동산의 특성은 규제를 동반하게 됩니다. 누구나 몸 누일 방 한 칸은 필수이기 때문에 규제를 통해 이러한 비대칭성을 조절하는 것입니다.

괴로우라고 만들었으니까 규제는 괴롭다

재개발현장에 가본 적이 있습니까? 재개발지역은 너무 노후되어서 개발만 되면 소유자들은 수억 원의 프리미엄을 얻는 구조입니다. 그래도 재개발을 반대하는 사람은 있습니다. 그들의 이야기를 들어보면 모두 이해되는 상황입니다. 1,000여 세대 남짓한 구역도 구역지정동의만도 보통 2~3년 걸립니다. 건물을 올리는 데 3~4년이면 충분한 재개발이 10~15년 걸리는 이유는 사람들의 동의와 허가가 쉽지 않기 때문입니다.

정부나 지자체의 규제는 수만에서 수천만의 상황을 포용해야 합니다. 재개발 지역 1,000여 세대의 동의를 구하는 것과는 차원이 다릅니다. 규제가 내 마음대로 된 적이 없는 것은 오히려 당연한 것입니다. 이 부분을 인정하고 시작하면 참 쉬운 것이 부동산입니다. 많은 부동산 전문가들이 각종 규제를 비난합니다. 다 맞는 이야기입니다. 하지만 진정한 투자자라면 내 생각과 맞지 않는 규제는 당연한 환경으로 인식해야 합니다.

요트는 참 신기한 원리로 움직입니다. 아무 동력이 없는데도 바람이 불어오는 쪽으로 진행해갈 수 있습니다. 비록 곧바로 직진은 하지 못한다 할지라도 맞바람을 이용해서 바람이 불어오는 쪽으로 갈 수 있습니다. 규제를 규제만으로 바라보면 휩쓸려 떠내려가는 것이 전부일 것입니다. 하지만 나를 위해 부는 바람이 아니라는 것을 인정하고, 그것에 대비하면 그것만큼 멋진 동력도 없을 것입니다. 대기업의 독식에 내가 먹히지 않도록 해주는 보호막이 그 규제가 될 수도 있다는 것을 알 수 있습니다.

많은 법인대표를 만나면 세금과 규제에 대해서 볼멘소리를 많이 합니다. 세금 많이 내는 거 좋아하고 규제에 박수 칠 수 있는 사람은 없습니다. 하지만 피할 수 없는 환경이라면 그 바람을 역이용하면 됩니다. 좀 더 정확하게 이야기해보면 규제를 통해 모든 사람이 보호된다고 생각하면 됩니다. 교통신호를 지키는 것은 상당히 불편하지만, 그것을 통해 대형차들로부터 우리의 목숨을 지킬 수 있습니다. 비행기가 앞으로 가는 것을 막는 것이 공기의 저항이지만, 비행기를 뜰 수 있게 해주는 것도 공기의 저항이라는 것을 기억하기 바랍니다.

규제는 단 한 번도 내 마음대로 된 적이 없습니다. 그 규제의 숲속에서 조금 멀리 볼 수 있는 시각을 가진다면 누구도 본 적 없는 엘도라도를 찾게 될 수도 있습니다.

잃어버린 20년
- 높이 가기 위해선 쉬어 가야 한다

　법인이나 부동산 규제에 대한 경제적 사례를 좀 더 살펴보겠습니다. 일본의 잃어버린 20년을 평가하는 여러 해석들이 있습니다. 가장 대표적으로 부동산 이야기를 많이 들어봤을 것입니다. 부동산의 가치가 무섭게 상승했다가 그 거품이 붕괴되면서 경제가 20년 동안 침체되었다는 것은 상당히 일반적인 해석입니다. 세계사에서 보면 처음 있는 일도 아닙니다. 멀리 유럽으로 가보면 거품의 원조라는 튤립이 있습니다. 1630년쯤부터 튤립에 대한 인플레이션이 시작되면서 절정기에는 튤립 한 송이의 가격이 집 한 채 값과 비슷했다고 합니다.

　법인을 운영하는 사람이라면 이러한 거품과 정책을 어떻게 봐야 할까요? 앞서 말한 것처럼 환경으로 인식하고 받아들이는 것으로 그치면 안 됩니다. 오히려 경제 성장의 촉매제로 인식해야 합니다. 일본의 잃어버린 20년에 규제가 더해졌다면, 오히려 일본경제는 지금보다 더 좋앉을 것이라는 분석에 대해 이야기해보려고 합니다.

규제가 무한상승을 이끌다

높은 산을 오르는 사람의 가방은 무겁습니다. 중간중간 쉬면서 에너지를 보충해야 하기 때문입니다. 동네 뒷산이야 단숨에 올랐다가 내려올 수 있지만, 높은 산일수록 쉼에 대한 계획도 반드시 필요합니다. 그쉼의 기간이 더 높은 산을 오를 수 있게 해줍니다. 법인은 규제가 상당히 많습니다. 부동산 법인도 크게 다르지 않습니다.

규제가 나쁘기만 할까요? 일본의 경제에 규제를 통한 조정기간이 있었다면 안정적인 상승을 이끌었을 것이라는 분석이 지배적입니다. 주식에서도 조정이라는 것이 있습니다. 특히 작전주는 꾸준히 상승하는 경우가 절대 없습니다. 중간중간 조정이 들어가야 더 확고한 자금이 들어옵니다. 더 높이 주가를 끌어올릴 수 있는 것입니다. 작전하는 세력들도 알고 있는 시장원리입니다.

부동산 법인이 많이 생겨서 부동산 투자가 다변화된다는 것은 바람직한 일입니다. 하지만 무작정 오르기만 한다면 안정성은 담보되지 않습니다. 우리가 부동산 법인을 시작하는 이유는 오랫동안 부동산 분야에 몸을 담고 싶기 때문입니다. 만약 일본처럼 장기간 침체기가 온다면 이것처럼 슬픈 일은 없을 것입니다. 규제는 반드시 있어야 합니다. 높은 산에 오르기 위해선 잠시 쉬는 것처럼 말입니다. 현장전문가가 보기엔 어리숙하고 방향성이 안 맞는 규제도 많을 것입니다. 하지만 이러한 뒷걸음이 시장을 안정화시키고 노폐물을 제거해주는 중요한 역할을 할 수도 있습니다. 법인을 운영하는 대표라면 이러한 시장을 이해하고 준비하면 됩니다.

학생에게 시험이라는 것은 무엇일까요? 그들을 평가하고 괴롭히기 위한 악독한 도구에 불과할까요? 아닙니다. 그들의 노력을 객관화해 줄 수 있는 마지막 도구일 것입니다. 만약 시험이라는 것이 없다면 흔히 말하는 금수저들만 출세하는 세상이 될지도 모릅니다. 사법고시폐지를 두고 '현대판 음서제의 부활'이라고 말하는 사람도 있습니다. 사법고시가 아닌 법학대학원 수료만으로 법조인을 만든다면 배경이 뛰어난 사람들이 법조계를 장악할 수 있기 때문입니다. 부동산 혹은 법인에게도 공정한 경쟁을 위해서는 규제가 반드시 필요합니다. 법인세가 누진되지 않고 동일과세체계라면 신생법인은 살아남기 쉽지 않을 것입니다. 부동산도 마찬가지입니다. 부동산이 투기의 도구로만 비중이 커진다면 결국 소비자는 가난해지고, 그 역풍은 투자자에게 고스란히 전달되기 때문에 결국은 절벽을 향해 달리는 기차와 같은 형국이 될 것입니다. 규제는 규제가 아니라 환경입니다.

부동산 법인 대항해시대

부동산 법인을 시작한다는 것은 개천에서 피라미 잡는 일이 아닙니다. 원해로 나가서 다랑어를 잡기 위한 여정입니다. 먼 길을 기약해야 합니다. 부동산은 특성상 경제 사이클이 큽니다. 그러면서도 순식간입니다. 혹자는 계단식의 사이클을 말하기도 합니다. 개천에서 고기를 잡을 사람은 물살이 세다고 불평할 수 있지만, 다랑어를 잡으러 원해로 나가는 사람은 파도를 불평하는 것이 아니라 대비합니다. 부동산은 향후 몇 년간 유동성이 떨어질 것이고, 정부규제가 심해질 것입니다. 불평보다는 대비를 해야 합니다. 원양어선은 앞바다에 띄우기 위한 배가 아닙니다. 법인은 작은 물결에 이득만 보겠다고 타는 배가 아닙니다. 큰 배를 탄 사람은 파도가 없다고 감사할 뿐이지 그것을 당연하게 여기지 않습니다.

슈퍼컴퓨터와 맞짱 한번
뜨시렵니까?

주판이라고 들어보셨습니까? 계산기가 흔치 않던 시절 셈을 할 수 있던 도구가 주판입니다. 30년 전에는 대부분의 학생들이 주판을 배우기 위해서 학원을 다녔습니다. 이에 준하는 추억의 물건으로 타자기가 있습니다. 종이 한 장을 껴두면 글자가 각인되어 있는 쇠뭉치들이 종이에 글자를 찍는 형태의 도구입니다. 타자를 배운다는 것은 상당한 노력이 필요했습니다. 이러한 주판과 타자의 결정체가 행정입니다. 행정직에 취업하고자 하는 사람들은 주판과 타자가 필수 기본교육이었습니다. 먼 과거의 일이 아니건만 상당히 구식이라는 생각이 듭니다.

이런 시대의 자금흐름은 숨길 수 있었습니다. 일일이 계산기를 두드리고 수기로 기입하는 형태에서는 오류도 많고 누락도 많았습니다. 그 시대 사고방식으로 오늘을 살면 상당히 조심해야 합니다. 아직도 그 시대 생각으로 법인과 자산을 운영하는 분들이 생각보다 많습니다. 시대는 급속하게 변했습니다. 컴퓨터가 바둑의 최강자가 되는 세상이 되었습니다.

FIU법(특정금융거래정보의 보고 및 이용 등에 관한 법률)

금융위원회의 산하기관인 금융정보분석원(Financial Intelligence Unit, FIU)이 모든 금융기관의 신고에 따라 의심거래 및 고액현금거래 분석을 관계당국에 보고하는 시스템을 말합니다. 금융정보분석원 홈페이지(www.kofiu.go.kr)를 주의 깊게 보는 것만으로도 상당한 도움이 될 것입니다. 기본적인 내용을 설명해보겠습니다.

STR(의심거래보고제도)

금융거래와 관련해 수수한 재산이 불법재산 혹은 금융거래의 상대방이 자금세탁행위를 하고 있다고 의심되는 합당한 근거가 있는 경우 이를 금융정보분석원에 보고하도록 하는 제도입니다.

자금이라는 것이 그렇습니다. 현금을 갖고 있으면 부피도 크고 불안하기도 합니다. 조직적으로 숨겨봐도 의심 가는 거래내역을 컴퓨터가 잡아냅니다. 일정 조건에서 필터링되는 내역들이 보고됩니다. 실시간으로 걸러지지 않았다 하더라도 기록은 남아 있기 때문에 향후에 문제가 될 수도 있습니다. 법인의 비리는 상당부분 내부제보로 적발됩니다.

수년간 문제없이 지나갔다고 하더라도 양심을 품은 회계직원이 제보하게 되면 그 기록이 고스란히 증거로 쓰입니다. "세금과 죽음은 피할 수 없다"라는 명언이 오늘날에는 더욱 엄격하게 적용되는 듯합니다.

CTR(고액현금거래보고)

동일인이 동일은행에서 1일 동안 1천만 원 이상(2019년 7월 개정) 현금을 입금 또는 출금한 경우, 해당거래 사실을 금융정보분석원에 보고하는 제도입니다. 개인이 가장 많이 간과하는 부분을 잡기 위한 것입니다. 1천만 원 이상을 인출한다고 해서 무조건 문제가 되는 것이 아니라 데이터가 쌓인다는 것입니다. 그렇게 누적되는 데이터는 향후 어떠한 형태로든 개인의 자금흐름에 소명을 요구하게 됩니다. 자녀에게 전세자금 몇 억을 줘도 안 걸린다는 말을 많이 하십니다. 안 걸린 게 아니고 아예 보지도 않은 것입니다. 최근에 강남권 일대에 전세자금 증여에 대해 증여세를 과세한 것처럼 마음만 먹으면 언제든지 쌓여 있는 자료를 제시하면 되는 구조입니다.

9

부동산 증여의
양대 산맥

신경을 쓰지 않아도 스스로 잘 유지되는 자산이 있을까요? 그런 자산이 있다면 많은 자금을 그곳에 투자하면 될 것입니다. 그나마 비슷한 자산을 찾아보라면 주식의 장기 투자가 있습니다. 주식 투자라는 것이 원래는 장기 투자로 분류됩니다. 기업에 자금을 투자하고 그 기업이 성장하기를 기대하는 것이 주식 투자의 기본 원리입니다. 하루아침에 성장하는 기업도 있지만 대부분은 오랜 시간 동안 성장이 이루어져야 하기 때문에 주식은 장기 투자로 분류됩니다. 하지만 현실에서 주식을 장기 투자로 분류하는 사람은 많지 않습니다. 수익의 등락을 실시간으로 볼 수 있는 시스템은 주식을 단기 투자 상품으로 만들어버렸습니다. 일 단위로 투자하는 사람을 데이트레이더라고 합니다. 그보다 더 빠른 분초를 다퉈 투자하는 사람을 스캘퍼라고 합니다. 초단타매매자를 뜻하는 말입니다. 영화에서 몇 초 남기고 거래를 성사시켜 수익을 얻는 사람이 있는데, 이들이 스캘퍼입니다.

그렇다면 부동산은 단기 투자 상품일까요? 아니면 장기 투자 상품일까요? 주식과 마찬가지로 사용자의 의도에 따라 다르겠지만 상대적으로는 장기 투자에 가깝습니다. 부동산의 단기 투자라고 하면 매수자를 구해놓고 매도하는 경우가 대표적일 것입니다. 하지만 이런 단기적인 매매는 쉽게 오는 기회가 아니기 때문에 환경이 주어지지 않으면 단기 투자는 힘듭니다. 부동산의 가장 큰 단점이기도 합니다. 유동성이 떨어집니다. 당장 매매나 임대를 통해 현금화시키고 싶어도 쉽지 않습니다. 또한 부동산은 계절적 요인이나 기간적 요소 때문에 시기를 기다려야 하는 경우가 많습니다.

이러한 부동산의 특성 때문에 재산이전은 보통 10년을 계획하는 경우가 많습니다. 너무 장기간 준비하는 것이 아니냐는 반문이 있을 수도 있으나 주변의 상황들을 보면 10년 준비가 그리 긴 것도 아닙니다. 부동산을 통한 자산 이전은 크게 두 가지의 큰 그림이 있습니다. 그 두 가지를 소개해보겠습니다.

부담부증여

부담부증여는 아주 간단합니다. 대출이 있는 부동산을 증여하는 것을 말합니다. 현실에서는 의도치 않게 많이 일어나는 행위이기도 합니다. 결혼적령기 자녀가 있으면 대출을 끼고 집을 사주는 경우가 있습니다. 2~30대 청년들은 부동산에 관심이 없거나 재정적 한계가 있기 때문에 부모가 대신 매매를 해주는 경우입니다. 부모의 자금으로 이루어지기 때문에 실질적으로 증여입니다. 만약 상속·증여에 대해 조심해야 할 자산을 갖고 있는 경우라면 정당한 방법으로 증여하면 됩니다. 자녀가 소득이 생기면 정식으로 자녀의 돈으로 부모의 부동산을 사는 것입니다.

예를 들어 4억 원의 아파트를 매매할 때 1억 원의 자기자본과 3억 원의 대출을 차입한다고 가정해보겠습니다. 자녀가 1억 원이 없다면 정식적인 절차를 통해 증여하면 됩니다. 1억 원을 주고 4억짜리를 넘기게 되는 것입니다. 부모의 등기가 된 4억짜리 아파트도 동일하게 진행하면 됩니다. 아파트를 담보로 3억 원의 대출을 차입해서 자녀에게 증여하고, 그 대출을 자녀가 갚으면 됩니다. 1억 원은 증여세를 내겠지만 3억 원은 양도소득세를 내면 됩니다. 자녀가 3억 원을 갚을 수 있을지 걱정되는 분들은 3억 원을 채권에 투자해도 되지만 자녀를 계약자로 하는 부모님의 종신보험을 가입하면 됩니다. 종신보험 3억 원을 가입하면 실질납입금은 3억 원보다 적게 됩니다. 또한 장점은 수십 년 분할납부기 때문에 소득이 있는 자녀의 명의로 가입을 해도 자금출처 증명에는 아무런 문제가 없습니다. 4억 원짜리 아파트에서 임대소득까지 나오면 더할 나위 없이 좋은 구조를 만들 수 있습니다.

자녀의 토지를 지르밟고 건물 짓기

처음 건물을 지을 때는 토지주인과 건물주인이 동일해야 합니다. 그래야 법정지상권이 성립되어서 향후에 다양한 문제들을 제거할 수 있습니다. 그렇게 건물을 소유하고 있는 분이라면 수억 원 자산가임에 의심할 것이 없습니다. 이런 자산을 어떻게 증여할까요? 먼저 토지를 자녀에게 증여하십시오. 앞에서 몇 번 언급했으니, 그 이유를 부동산의 특성 위주로 언급해보겠습니다.

건물과 토지는 엄연히 구분되는 자산입니다. 집합건물인 아파트 같은 경우는 분리하는 것이 쉽지 않지만, 건물과 토지는 태생부터 구분되어 있습니다. 그렇기 때문에 토지를 자녀에게 먼저 증여하면 상속세는 거의 제로로 수렴됩니다. 토지라는 것은 영속성이 있습니다. 오랫동안 계속되는 성질을 말합니다. 불변한다는 것입니다. 감가상각이 없습니다. 그렇기 때문에 인플레이션으로 인한 자산가치는 계속 증가한다고 보면 틀리지 않습니다. 토지는 다음과 같은 특성을 갖고 있습니다.

- **부동성** : 동산과 구별되는 대표적인 특성. 고정되어 움직일 수 없는 지역적 특성
- **개별성** : 일물일가를 적용하게 하는 특성. 인접한 토지라도 다른 가격을 형성하는 원인
- **부증성** : 생산할 수 없는 특성. 부동산의 지대 및 지가 상승의 근본적 원인
- **영속성** : 물리적 감가가 되지 않는 특성. 소모를 전제로 하는 재생산이론을 배제

건물은 어떻습니까? 감가상각이 존재합니다. 그래서 잔존가치를 평균 30~40년으로 잡고 계산합니다. 즉 30~40년 뒤는 잔존가치가 약

10% 정도 남게 됩니다. 상속해줘야 할 자산의 가치가 줄어드는 것입니다. 정리를 해보자면 자산의 가치가 커지는 토지는 자녀에게 미리 증여하고, 건물은 부모가 갖게 됩니다. 그러면서 건물에서 나오는 임대료를 노후자금으로 사용하면 됩니다.

자녀는 환갑이 넘어도 아이로 보입니다. 그게 부모의 마음입니다. 그래서 증여에 대해서는 상당히 보수적인 분들이 많습니다. 하지만 향후 그렇게 아낀 것들이 상속세로 증발된다는 것을 알면 자녀가 써서 날리는 것이 더 낫겠다는 생각을 하게 됩니다. 안전장치가 없는 것도 아닙니다. 가등기나 저당설정을 통해서 어느 정도 보완이 가능합니다. 물론 완벽할 순 없지만 가족끼리 서로 믿고 챙겨줘야 자산이 보호됩니다. 죽어서 모든 자산을 사회에 환원하겠다는 훌륭한 분들도 있겠지만, 그게 아니라면 부담부증여나 토지를 먼저 증여하는 것은 고민해볼 가치가 있는 방법입니다.

사회초년생이 알아야 할
'부동산 법인을 위한 부동산의 특징'

　종종 사회초년생이나 신혼부부를 컨설팅하게 됩니다. 부모에게 많은 자산을 물려받아 어렵지 않게 부동산 자산을 마련하는 경우도 있지만, 대부분은 스스로 마련한 자금의 한도에서 문제를 해결하려고 합니다. 부동산의 큰 장점 중 하나가 '레버리지 효과'입니다. 쉽게 이야기하면 타인자본을 사용하기 용이하다는 것입니다. 내 돈 1억 원만 있어도 2~3억 원의 대출을 받을 수 있습니다. 문제는 대출을 받아서 전세로 살 것인가 매매를 할 것인가입니다. 대부분 사회초년생들은 전세를 택합니다. 타인자본을 사용한다는 것이 쉽지 않게 여겨지기 때문입니다. 1~2억 원이라는 큰, 그것도 남의 돈을 더 쓴다는 것에 두려움을 느낍니다. 하지만 2년이 지나서 전세가 만기될 무렵, 매매를 하지 않은 것을 후회하는 경우가 대부분입니다. 이미 부동산 자산은 수천 만 원 이상 상승했는데, 그 자산은 내 것이 아니기 때문입니다.

대부분의 상담사례가 비슷합니다. 좋은 지역이라면 1~2억 원을 더 대출받아서 매매를 권해도 망설임의 끝은 전세를 택합니다. 그리고 2년 뒤에 후회하며 매매하게 됩니다. 이러한 경우 사회초년생들이 부동산의 특성을 알고 있었다면 타인자본을 사용하는 것 이상의 용기가 있었을 것이고, 더 많은 자산을 축적했을지 모릅니다. 물론 예외도 있을 것입니다. 실수요를 위한 투자나 법인운영을 위한 부동산의 특징을 간단히 정리해보겠습니다.

부동산의 위험

부동산의 위험요소를 가장 먼저 알아보겠습니다.

● 사업상 위험 : 부동산 사업 자체에 생기는 위험입니다. 가장 대표적인 것인 공실률입니다. 공실률이 높아져서 임대수입이 줄어들기도 합니다. 경기침체, 인구변화, 인구이동 등으로 부동산수요가 변화하게 됩니다. 그렇게 되면 부동산의 자체적인 수입이 줄어들게 됩니다.

● 금융적 위험 : 금리와 연계된 위험입니다. 대출을 받아서 임대했는데, 금리가 높아지면 고정지출이 늘어나게 됩니다. 또한 매매를 위한 시점에서 대출비율이 줄어서 대출이 막힌다면 매매자금에 문제가 생길 수 있습니다. 사업적인 면에서는 금리상승으로 인해 매수자가 줄어든다면 공급가격은 줄어들 수밖에 없습니다.

- **법률적 위험** : 대표적으로 규제를 말합니다. 재개발을 진행하려 하는데 분양가상한제로 건설사들의 수익이 줄어들면 진행하기 힘들 수도 있습니다. 혹은 내 땅이 제한구역으로 묶인다면 개발이익에 지장을 초래합니다.

- **유동성 · 인플레이션 위험** : 부동산의 가장 큰 단점 중 하나가 유동성의 위험입니다. 부동산을 수십 채 소유하고 있어도 현금이 없어서 곤란한 상황이 많이 연출됩니다. 부동산 경기가 나쁘다면 쉽게 팔기도 힘들고, 손해를 감수하고 팔아야 하는 경우도 있습니다. 또한 부동산 수요의 감소로 임대수익은 줄어드는데 물가상승률이 높아져서 실질적인 수익은 줄어드는 경우가 있습니다.

부동산의 특성

앞서 토지를 간단히 언급하면서 토지의 특성을 정리해봤습니다. 이와 대동소이하지만 부동산도 다시 한 번 정리해보겠습니다.

- **국지성** : 부동산의 국지성은 부동성과 관련이 깊습니다. 움직일 수 없는 자산이기 때문에 지역적인 특성을 나타냅니다. 또한 수요와 공급의 조절을 어렵게 하는 요소이기도 합니다. A지역은 부동산 공급이 과잉이고, B지역은 수요의 과잉이 있더라도 서로 보완될 수 없습니다. 인구의 이동으로 가능할 수 있지만 부동산은 움직일

수 없기 때문에 단기적인 부조화를 나타냅니다. 대표적으로 수백 미터밖에 차이가 안 나는 지역이더라도 철길이 가로지르고 있다면 지역적특성이나 자산가치는 확연히 차이가 나기도 합니다.

◉ **수요와 공급의 비탄력성** : 이는 부증성과 관련이 깊습니다. 쉽게 공급을 조절할 수 없습니다. 수요가 많다고 쉽게 집을 지을 수 없습니다. 토지도 구해야 하고 건물이 올라가는 시간도 다른 재화에 비해 오랜 시간이 걸립니다. 이는 가격의 왜곡을 초래합니다. 수요가 과잉이면 자산가치가 과평가되기도 하고 수요가 적으면 자산가치가 저평가되기도 합니다. 부동산 투자자들의 소득은 이러한 괴리에서 나타는 차익입니다.

◉ **개별성** : 부동산은 같은 대상이 존재할 수 없습니다. 같은 아파트라고 하더라도 다 다릅니다. 거실의 방향이나 층수, 배치에 따라 개별적 가격이 형성됩니다. 이는 상품간의 비교를 어렵게 만드는 요소이기도 합니다. 가장 대중화된 아파트가 그나마 일반화가 가능하지만 그 외의 부동산은 개별적인 가치가 다 다릅니다.

◉ **시장의 불안정성** : 대부분의 재화는 수요와 공급에 의해서 객관화가 상대적으로 어렵지 않습니다. 하지만 부동산은 두 가지 측면에서 시장이 불안정합니다. 첫 번째는 고가성으로 인해 진입장벽이 높습니다. 아무리 작은 부동산도 억 원 단위를 초과합니다. 사회초년생이 부동산에 관심을 잘 가지지 않는 이유도 이런 부분입니다.

이는 법적인 규제를 야기하게 됩니다. 부동산은 공공재인데, 일부 부유층의 시장이 되면 사회적 균형이 깨지게 됩니다. 이로 인해 정부의 간섭이 생기게 됩니다. 두 번째는 시장의 비 공개성입니다. 정보의 비대칭으로 인해 싸게 파는 사람과 비싸게 파는 사람이 동시에 존재합니다. 같은 1억 원이라도 호재가 있는 지역에 투자하는 것과 호재가 없는 지역에 투자하는 것은 상당한 차이를 만듭니다. 이는 시장의 불안정을 만드는 요소이기도합니다.

부동산을 사야 할 시기에 대한 갑론을박이 많습니다. 투자적인 관점에서만 접근하면 보이지 않는 것들이 있습니다. 부동산을 소비적 관점으로 바라보는 것도 물론 중요합니다. 하지만 수익만을 목표로 하면 교묘하게 보이지 않는 사각지대가 있습니다. 결론적으로 첫 부동산은 타이밍보다는 되도록 빨리 사는 것이 유리합니다. 이유는 크게 두 가지가 있습니다.

첫 번째는 인플레이션 헤지(hedge) 효과입니다. 일반적인 경제상황이라면 물가는 상승하게 됩니다. 잉여자금에 대한 유동성은 그 가치를 상승시키게 됩니다. 그 상승에 가장 안정적으로 편승하는 자산이 부동산 자산입니다. 부동산은 모든 경제의 기반이기 때문입니다. 부동산이 없으면 산업의 근간이 있을 수 없습니다. 미래의 산업이라고 하는 IT나 AI산업도 서버를 만들어둘 공간이 필요합니다.

두 번째는 인간생활의 필수요소인 의식주 중에서 공급조절이 가장 어려운 요소가 부동산이기 때문입니다. 먹는 것이나 입는 것에 대한 걱정은 신기술의 개발이나 대체재의 역할로 보완이 가능합니다. 하지만 주(住)에 속하는 부동산은 공급조절에 상당한 시공간적 제약이 있습니다. 아파트가 처음 보급되었을 때 공간에 대한 완화로 부동산 시장이 안정될 것이라고 생각한 사람도 많았습니다. 하지만 결국은 아파트조차도 부동산 투자의 주요 매체가 되었습니다.

사고자 하는 집은 타이밍이 중요할지 모르나 살고자 하는 집은 선점이 더 중요한 이유입니다. 비싸다고 선점하지 못하면 평생 타인의 부동산 위에서 살아야 할지도 모릅니다.

아끼다 똥 된다?
아끼다 세금 된다

10여 년간 법인을 컨설팅해오면서 수많은 자산가를 만났습니다. 그러면서 부동산과도 인연이 닿아 부동산 경매도 알게 되고, 부동산 법인도 컨설팅하게 되었습니다. 하지만 좋은 정보가 인식을 바꿀 수 있다고 생각하지는 않습니다.

우리나라는 유래를 찾기 힘든 초고속성장 국가입니다. 반세기 전에 국토전체가 괴멸되는 전쟁이 있었다고는 믿기지 않는 성장을 이룬 나라입니다. 전쟁 이후에 대부분은 자수성가로 부자가 되었습니다. 대단한 근성은 인정하지 않을 수 없습니다. 하지만 아쉬운 점도 있습니다. 유교문화인 우리나라는 자녀와 돈에 관해 이야기하는 것을 상스럽다고 생각합니다. 앞서 유태인과 비교했지만 부의 이전에 대해서 많은 것을 놓치고 있습니다. 앞에서는 상속에 대해서만 언급했다면 이제 자산공개에 대한 부분을 이야기해보겠습니다.

많은 자산가들이 자녀에게 자산을 물려주는 것을 상당히 조심하고, 비밀리에 진행합니다. 잘못되었다고 말할 순 없으나, 많은 사고를 유발하게 됩니다. 2년 전에 한 건물주에게 상속컨설팅을 해드렸습니다. 젊어서부터 부동산업을 한 것은 아니지만 부동산으로 많은 자산을 형성하고 난 뒤 부동산 임대소득으로 넉넉한 생활을 한 분이었습니다. 문득 이상한 이야기를 들었습니다. 상속세가 많이 나오니 큰 금액의 적금을 들고 있다는 것입니다. 사실 그 이야기를 듣기 전에는 건물을 갖고 있는 건물주인지도 몰랐습니다.

상속세는 종신보험으로 준비하는 게 맞다고 하니 제 말에 귀를 기울이셨습니다. 각종 자료나 증빙서류를 요구했습니다. 평소에 제가 세미나에서 썼던 자료를 드렸습니다. 추가적으로 법인을 설립했을 때 장단점도 말씀드렸습니다. 추석 전에 마지막 자료를 드렸습니다. 그런데 어떻게 된 일인지 추석 이후로 연락이 끊겼습니다.

나중에 그 자녀로부터 저를 못 믿기 때문에 더 연락하고 싶지 않아한다는 이야기를 전해들었습니다. 좀 더 정확히 말하면 제가 알고 있으면 자녀도 알게 되기 때문에 제가 드렸던 컨설팅으로 알아서 해결하시겠답니다. 자녀에게 이 자산을 유지하는 방법을 알려주는 것이 우선이라고 말했던 것이 귀에 거슬렸을 수도 있습니다. 상당히 안타깝고 황당했습니다. 그분의 자녀를 보면 흔히 말해 곱게 자란 사람이었습니다. 부모의 자산이나 관리에 대해서 아무것도 몰랐습니다. 어려서부터 하고 싶은 것을 다 하고, 갖고 싶은 것을 다 가지면서 큰 어려움 없이 자랐기 때문에 자산을 지킬 수 있을지 의문이 생겼습니다.

한국에 자수성가형 부자는 많은데, 대를 잇는 부자가 적은 이유가 바로 여기에 있습니다. 2대 3대를 잇는 가게가 없는 이유는 각종 규제나 국가정책 때문만은 아닙니다. 자녀와 자산에 대해서 토론하고 함께 운영해보는 자산가들이 거의 없습니다. 평생 자산에 대해서 공유가 없다가 나이 들어서 물려주려고 하는 분들이 많습니다. TOP10 안에 드는 대기업이라면 모르겠지만, 대부분 자산가들의 2세는 자금을 관리할 능력이 많지 않습니다. 부모로부터 자산에 대한 교육을 받지도 못했고, 관리해본 적도 없기 때문입니다. 유태인들처럼 어려서부터 자산에 대한 개념을 교육하고 가문의 자산과 물려받을 자산에 대해 자녀들과 상의하고 준비한다면 그것만큼 현명한 일은 없으리라고 생각합니다.

법인을 설립하면서부터 자녀에게 지분을 주는 분들은 종종 계십니다. 하지만 자녀에게 왜 이 지분을 주고, 향후 대표의 부재 시, 혹은 부동산 자산에 문제가 생겼을 때 어떻게 해야 하는지 말해주는 대표들은 거의 찾아 볼 수 없습니다. 자녀 앞으로 부동산은 등기되어 있는데 그 사실조차도 모르는 자녀가 많습니다.

최근 한국 대기업들에게 가장 이슈가 되는 리스크가 무엇인지 아십니까? 오너리스크입니다. 무분별하게 자산이나 기업은 물려받았지만 운영할 능력이 안 되는 오너들이 기업에 리스크로 작용하는 것을 말합니다. 국내 최대기업도 전문경영인을 고용해야 한다는 의견이 팽배합니다. 대기업 총수들이 구속되면, 주가가 오르고 매출이 최고점을 찍는 이유가 절대 우연은 아닙니다. 대기업이 불법로비를 하는 이유가 결코 사원의 복지를 위한 것은 아닐 것입니다. 능력 없는 2~3세 경영인들을 보호하기 위한 것입니다.

'아끼다 똥 된다'는 속담

법인은 설립과 동시에 남에게 줄 생각을 해야 하는 것이란 말은 과언이 아닙니다. 그게 자녀가 된다면 상속의 준비를 해야 하고 타인이 된다면 기부의 뜻이 될 수도 있겠습니다. 남을 도와도 절세를 해주는 제도가 법인입니다. 자산을 법인에 쌓아두고 아무도 모르게 부자가 됐다는 회심의 미소는 아무 의미가 없습니다.

법인에 사내유보금을 많이 쌓아두고, 노후까지 급여를 받겠다는 발상도 이론상으로는 그럴듯하나 정말 위험한 생각입니다. 자식도 못 믿어 말 못 했던 자금을 누가 지켜줄까요? 법인에 있는 자금이 과연 비과세로 평생 나를 지켜줄까요? 일을 하지도 않는 나에게 나가는 자금에 대한 과세가 중과세로 다가오지 말라는 법이 있을까요?

유교적인 자산관념에서 유태인의 자산관리를 배운다면 지금 갖고 있는 법인의 효율적 승계는 그리 어려운 일이 아닙니다. 아끼면 결국엔 내 것이 아닐지도 모릅니다.

부동산의
'피타고라스 정리'

수학에서 '피타고라스 정리'라는 것이 있습니다. 직각삼각형의 두 변의 제곱의 합은 가장 긴 변의 제곱의 합과 같다는 공식입니다. 피타고라스라는 학자에게는 오랜 시간을 투자한 평생의 업적입니다. 하지만 오늘날 우리에게는 간단한 공식으로 정리되어 중학교에서 배우는 내용입니다.

부동산에도 이와 비슷한 경우가 있습니다. 간단한 공식으로 개념만 잡고 있어도 부동산 시장을 바라보는 시각이 많이 변할 수 있습니다. 바로 '용수철 효과'와 '풍선 효과'입니다. 부동산을 아는 사람에게는 너무나도 당연하고 시시한 개념일 수 있지만, 이 두 가지 개념은 향후 법인을 운영할 때 상당히 유용합니다. 그리고 그 두 가지 효과로 인해 발생하는 반대급부에 대해서도 살펴볼 필요가 있습니다.

용수철 효과

부동산 규제를 언급할 때 반기를 들기 가장 좋은 이론이 '용수철 효과'입니다. 용수철을 많이 누르면 어떻게 될까요? 그 누른 힘의 크기만큼 반대로 튕겨나갑니다. 부동산에 적용해보자면 규제로 인해 눌려 있던 가격이 언젠가는 제 가격을 찾아서 급격하게 이동하며, 오히려 과도한 가격상승을 유도한다는 의미로 해석하면 될 것 같습니다. 대표적으로 분양가상한제가 있습니다. 재개발지역에서 건설사나 조합원의 수익을 제한해서 분양가의 상한을 정해놓으면 일시적으로는 분양가가 내려가기 때문에 수요자에게는 반가운 규제가 될 수도 있습니다. 하지만 시간이 지나면 가격은 주변시세를 따라가기 때문에 결국 제 가격을 찾게 됩니다. 청약을 통해서 분양받은 사람이 많은 차익을 갖게 되는 것입니다. 그렇기 때문에 분양가상한제와 전매제한은 한 세트가 됩니다. 많이 누를수록 더 높이 튕겨나가게 되어 있습니다.

풍선 효과

나이가 들어서는 풍선을 접할 일이 없습니다. 연애할 때 이벤트도 안 해본 사람이라면 동심으로 돌아가야만 풍선의 이미지를 찾으실 수 있습니다. 풍선의 특성이 어떻습니까? 한쪽을 누르면 다른 쪽이 부풀어 오르게 됩니다. 결코 어느 한 순간도 부피를 줄이려 하지 않습니다. 부동산도 마찬가지입니다. 서울을 누르면 경기도가 부풀어오릅니다. 밥을 안 먹고는 살 수 있을지 모르지만, 집 없이는 하루도 살 수 없습니다. 밥은 대체재가 있고 공급이 과잉이지만, 부동산은 대체재가 없고 공급이 제한적입니다. 가족들이 호텔이나 모텔에서 산다는 것은 불가능합니다. 강남을 억눌러 규제하면 주변시세가 오릅니다. 재개발단지가 조성되면 주변의 전세시세가 오르는 것도 비슷한 원리입니다.

그렇다면 이런 효과를 국가에서는 모를까요? 일시적인 규제는 가능하지만 결국엔 용수철처럼 더 과열되고 풍선처럼 다른 지역으로 전이된다는 사실을 모를까요? 절대 모를 수 없습니다. 다만 조절을 하는 것입니다. 그렇기 때문에 부동산에 투자를 하고 법인을 운영할 것이라면 이 점을 활용하면 됩니다. 우리가 흔히 말하는 위험에도 비체계적인 위험과 체계적인 위험이 있습니다. 비체계적인 위험은 포트폴리오구성을 통해 피할 수 있지만, 체계적인 위험은 피할 수 없는 위험입니다. 받아들여야 합니다. 그리고 법적위험은 비체계적 위험으로 분류할 수도 있습니다(학문적으로 법적위험은 체계적 위험이지만 사업상 비체계적 위험으로 접근 가능함).

최근 분양가상한제가 이슈입니다. 재개발이 다 중단된 것처럼 이야기하는 언론도 있고, 로또청약이라는 단어를 화두로 던지는 언론도 있습니다. 파도가 높을수록 큰 배는 그 위력을 발휘하기 마련입니다. 현명한 사업가라면 파도를 이기려고만 하지 말고 피해가기도 하며 오히려 파도를 이용할 수 있어야 합니다.

얼마 전 청약에 관한 소식을 들었습니다. 누구나 알 만한 대규모단지에 분양을 받았다는 소식입니다. 그분은 사업을 크게 하는 분이었지만, 법인사업자는 아니었습니다. 처음에는 의아했습니다. 이렇게 자산이 많은 분이 어떻게 청약에 당첨되었을까요? 이유는 아주 간단합니다. 매년 수억 원을 버는 사업가였지만 집을 한 번도 소유해본 적이 없었습니다. 예전에 경매로 낙찰받았다는 이야기는 들었으나, 그것은 아주 작은 지분에 불과했습니다. 자녀도 셋이나 되었고, 부모님도 모시고 있었으니 가점이 상당히 높은 것은 당연한 일이었는지 모르겠습니다. 어떤 사람은 제도의 허점이라고 불평만 늘어놓을 수 있겠지만 저는 또 하나를 배웠다고 생각합니다. 시장은 유기적으로 변하고, 규제도 항상 다른 모습으로 우리를 반깁니다. 그동안 힘들고 불편했던 것은 제 생각만 변하지 않고 있었기 때문입니다.

용수철 효과, 풍선 효과……. 너무나도 기본적이고 간단한 이론이지만 제 생각은 그 기본에도 못 미치고 있었는지 모르겠습니다. 다들 변하는데 내 고정관념만 대리석바닥처럼 굳어 있지는 않았는지 점검해볼 필요가 있습니다.

본 책의 내용에 대해 의견이나 질문이 있으면
전화(02)333-3577, 이메일 dodreamedia@naver.com을 이용해주십시오.
의견을 적극 수렴하겠습니다.

부동산 투자의 시작,
무결점 법인 만들기

제1판 1쇄 발행 ㅣ 2019년 12월 10일
제1판 2쇄 발행 ㅣ 2021년 4월 30일

지은이 ㅣ 한동화
펴낸이 ㅣ 윤성민
펴낸곳 ㅣ 한국경제신문<i>
기획 · 제작 ㅣ ㈜두드림미디어
책임편집 ㅣ 우민정   디자인 ㅣ 노경녀 n1004n@hanmail.net

주소 ㅣ 서울특별시 중구 청파로 463
기획출판팀 ㅣ 02-333-3577
E-mail ㅣ dodreamedia@naver.com
등록 ㅣ 제 2-315(1967. 5. 15)

ISBN 978-89-475-4532-7 (03320)

한국경제신문 *i* 부동산 도서 목록

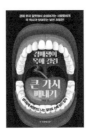

한국경제신문 *i* 부동산 도서 목록

한국경제신문 *i* 부동산 도서 목록

한국경제신문 i 부동산 도서 목록